O POTENCIAL DA MUDANÇA

Rodrigo Hübner Mendes

O potencial da mudança
O desafio de navegar pelas incertezas

Copyright © 2023 by Rodrigo Hübner Mendes

Grafia atualizada segundo o Acordo Ortográfico da Língua Portuguesa de 1990, que entrou em vigor no Brasil em 2009.

Capa
Ale Kalko

Foto de capa
Wanezza Soares

Preparação
Milena Varallo

Revisão
Ingrid Romão
Natália Mori

Dados Internacionais de Catalogação na Publicação (CIP)
(Câmara Brasileira do Livro, SP, Brasil)

Mendes, Rodrigo Hübner
O potencial da mudança : O desafio de navegar pelas incertezas / Rodrigo Hübner Mendes. — 1ª ed. — Rio de Janeiro : Objetiva, 2023.

ISBN 978-85-390-0774-5

1. Experiências – Relatos 2. Homens – Autobiografia 3. Mudança de vida 4. Superação – Histórias de vida I. Título.

23-165398   CDD-920.00905

Índice para catálogo sistemático:
1. Mudança de vida : Biografias   920.00905
Tábata Alves da Silva – Bibliotecária – CRB-8/9253

Todos os direitos desta edição reservados à
EDITORA SCHWARCZ S.A.
Praça Floriano, 19, sala 3001 — Cinelândia
20031-050 — Rio de Janeiro — RJ
Telefone: (21) 3993-7510
www.companhiadasletras.com.br
www.blogdacompanhia.com.br
facebook.com/editoraobjetiva
instagram.com/editora_objetiva
twitter.com/edobjetiva

Para meus pais Sonia e José,
que me ensinaram a persistir com leveza,

e meu amor Carol,
que está em cada letra deste livro.

Sumário

Apresentação, por Lázaro Ramos 9
O embarque 11

PARTE I: VIVER É NAVEGAR 13
PARTE II: MARES QUE SEMPRE MUDAM 99
PARTE III: OUTROS OCEANOS 159

Considerações finais 229

Agradecimentos 243

Apresentação

Lázaro Ramos

Há muitos anos que eu espero um livro do Rodrigo Mendes, desde que o conheci, e não apenas sua história.

Imediatamente senti afinidade pelo jeito como ele conduz a conversa, com sabedoria e consistência. Logo depois, ao saber mais sobre ele e ter a oportunidade de entrevistá-lo, o interesse aumentou.

Neste livro, ele compartilha muito de sua história, mas, acima de tudo, sua alma e sua maneira de se comunicar com o mundo. Ele tem algo de incentivador, mas sem abrir mão de falar sobre a trajetória e os caminhos. Caminhos que, como os dele, às vezes nos tiram da rota planejada e são de difícil adaptação.

Rodrigo conversa conosco com toda sua inteligência e, como ele mesmo diz, navega por esses mares intermitentes nos convocando a olhar não só para nós mesmos, mas também para a sustentabilidade, para os outros povos e para os lugares por onde viajou, nos instigando a pensar verdadeiramente no que é incorporar todas as pessoas na sociedade e, além de tudo, nos emocionando. Nos emocionando por meio de cartas compartilhadas, por meio de sensações que viveu e o que aprendeu com elas, e nos oferecendo um documento do seu tempo, da sua vida e, no final das contas, de nós mesmos.

Obrigado, Rodrigo, por me incluir numa passagem do seu livro. Na verdade, a sua história me fez lembrar da minha mãe e do sorriso dela.

O embarque

"Rodrigo, considerando que a humanidade enfrenta crises cíclicas, assim como a economia mundial, você acha que é possível aplicarmos o conceito de resiliência para a superação de crises em nossa vida pessoal?", perguntou o mestre de cerimônias logo após ter me convidado para subir ao palco.

Corria o ano de 2013, e eu estava prestes a iniciar minha palestra no encontro do Fórum Econômico Mundial, em Davos. A plateia era composta por príncipes, princesas, líderes de governos e presidentes de grandes organizações, que se reúnem anualmente para discutir o futuro do planeta. Ao longo da semana, cruzei com figuras históricas como Angela Merkel (ex-chanceler da Alemanha), Shimon Peres (então presidente de Israel), Bill Gates (fundador da Microsoft) e Muhammad Yunus (ganhador do prêmio Nobel da Paz). Para além do poder de influência que essas autoridades exercem na ordem mundial, a variedade de tons de pele, indumentárias e idiomas gerava, por si só, um ambiente extremamente interessante.

Naquele ano, o mote do evento era "dinamismo resiliente", e eu já havia sido devidamente orientado sobre o recorte que deveria explorar. Resiliência é um conceito da física que se refere à capacidade de um material de retornar ao seu estado inicial após ter sofrido uma deformação gerada por algum tipo de impacto ou pressão. Os norte-americanos gostam de chamar isso de *bouncing back*, expressão que descreve o movimento desempenhado por uma bola de borracha ao ser arremessada contra uma superfície rígida. A bola se deforma e depois recupera sua configuração anterior. Os sistemas de mola de aço são também uma boa representação desse fenômeno. Mas será que o conceito de resiliência pode ser aplicado à superação de crises pessoais?

Aos dezoito anos, vivi a impensável experiência de sentir uma bala atravessar meu pescoço, me levando a uma violenta ruptura que redefiniria os rumos do meu barco navegando no mar da existência. Desde então, me interesso muito pela forma como as pessoas enfrentam as mudanças em suas vidas, sejam elas deliberadas ou impostas. Essa é uma questão que impacta a trajetória de todo ser humano, mas raramente pensamos nela com profundidade. Não fomos educados para exercer um olhar mais analítico sobre as circunstâncias que cruzam nossos caminhos. Após anos de ensaio, decidi compartilhar minhas reflexões a respeito do assunto, o que me levou a escrever este livro.

Parte I

Viver é navegar

Nasci em São Paulo, em uma família de professoras. Minha mãe e minhas tias davam aula em escolas públicas, de modo que os desafios do cotidiano de um professor no Brasil eram assunto corriqueiro em nossas conversas. Em um dos episódios pitorescos, minha mãe precisou apagar um pequeno incêndio provocado por um aluno que tinha ateado fogo nas provas. O garoto andava armado e gerava tumultos com frequência.

Para complementar a renda familiar, dona Sonia vendia roupas e chegou a ter uma boutique na edícula que ficava nos fundos de nossa casa. Ela sempre foi uma guerreira incansável e aparentava não ter medo de enfrentar qualquer obstáculo que emergisse pelo caminho. Muito exigente com nossa educação, ela pedia que relatássemos nossas notas logo que entrávamos no carro, quando nos buscava no colégio.

Meu pai, engenheiro agrimensor, teve por alguns anos uma loja de materiais para construção civil. O empreendimento passou por dificuldades quando éramos pequenos e sua carreira acabou migrando para a área da agrimensura, na qual se destacou como perito bastante respeitado por juízes, advogados e clientes. Conversador nato, era incapaz de cortar a fala de alguém ou deixar de ouvir uma história, mesmo se estivesse atrasado ou simplesmente entediado.

Como acontece com a maioria dos brasileiros, minha ascendência envolve uma série de misturas. Meu pai tinha avós espanhóis e italianos, enquanto minha mãe traz em sua árvore genealógica alemães e austríacos. Por insistência dela, eu e meus irmãos, Fabiana e Conrado, tivemos praticamente toda a nossa educação básica no Porto Seguro, colégio de origem alemã conhecido pelo estilo rigoroso e disciplinador. Minhas memórias sobre os treze anos como aluno dessa escola são tão vivas e ricas que pretendo um dia transformá-las em uma série para adolescentes.

Quanto às preferências da minha infância, o futebol esteve sempre no topo da lista. Dentre a eclética variedade de esportes que praticávamos no colégio, que ia do atletismo à ginástica olímpica, a bola nos pés sempre foi minha zona de conforto e maior intimidade. Passava as tardes jogando no quintal de casa e, conforme fui ganhando confiança, pedi para meu pai me inscrever no campeonato do Clube Pinheiros. Cheguei lá sem conhecer praticamente ninguém, tentando encontrar espaço em meio às várias panelinhas já existentes. Os filhos dos veteranos do clube, que muitas vezes eram técnicos dos times, tinham nítidos privilégios e eram protegidos sem qualquer disfarce.

Comecei no banco do Fluminense, rezando por uma brecha para entrar em campo, não importando a posição. Logo na primeira rodada, o craque do time, Luizinho, enfrentou um problema de saúde, e vagou o espaço pelo qual eu tanto esperara. Tive sorte e marquei três gols nesse jogo. No clube havia um mural em que era publicada a lista dos melhores jogadores da semana. Foi indescritível a felicidade de ler meu nome entre os artilheiros. Algum tempo depois, fui convocado para a seleção do clube, o que, para mim, era o status máximo naquele mundinho. Devo ao futebol o início da construção da minha autoconfiança.

Aos treze anos, levei uma pancada no joelho direito que passou a me prejudicar muito em qualquer atividade física. Jogava no sacrifício e, muitas vezes, acordava no meio da noite com dor. Talvez essa tenha sido a primeira grande adversidade com a qual fui obrigado a lidar. Tentei resolver a questão com sessões de fisioterapia, mas, depois de alguns anos, acabei precisando passar por uma cirurgia para a retirada do menisco. Fui operado por Gilberto Camanho, ortopedista muito bem cotado no universo dos atletas e que, durante a consulta, fumava cachimbo enquanto acariciava seu longo bigode grisalho.

Após me examinar, garantiu que eu voltaria a praticar qualquer esporte. De fato, o procedimento deu certo e eu pude novamente jogar bola sem nenhuma dor. Ao mesmo tempo, defini qual seria meu plano de vida. Fiquei tão fascinado com o poder do médico de devolver bem-estar às pessoas, que decidi estudar medicina. Nenhuma profissão parecia mais nobre, apesar dos meus antigos sonhos nada originais de um dia ser um meio-campo decisivo, como Zico, Sócrates ou Falcão.

Após a cirurgia, Camanho recomendou que eu balanceasse o futebol com alguma atividade de menor impacto para o joelho e que me desse massa muscular. Lembrei que meu primo mais velho, Daniel, tinha experimentado remo e adorado. E lá fui eu com minha bicicletinha para a raia da Universidade de São Paulo (USP), onde ficam as instalações de todos os clubes de remo de São Paulo. Logo de cara, fui tomado por uma enorme curiosidade e motivação por aquele esporte que, no meu imaginário, formava atletas indestrutíveis e incansáveis.

Essa projeção podia ser sentida por qualquer um que respirasse o ar dos galpões na beira da raia. As palavras do lendário projetista de barcos, George Pocock, traduzem bem tal divinização: "O remo é, talvez, o mais exigente de todos os esportes. Iniciada a prova, não há pedido de tempo nem direito a substituições. Os limites da resistência humana são colocados à prova. Cabe, pois, ao treinador transmitir os segredos daquele tipo especial de resistência que emana da mente, do coração e do corpo".[*]

Comecei remando no Paulistano, um clube de elite que tinha a melhor infraestrutura da cidade. Nosso treinador se chamava Hércules. O nome não poderia ser mais apropriado para descrever um personagem que era um mito na raia. Ex-remador do Flamengo, o sujeito era um armário e usava barba preta. Falava pouco, nunca sorria e fuzilava com os olhos quando alguém se atrevia a fazer um comentário mais descontraído durante o treino. Eu me dedicava ao máximo e era bem caxias com relação a regras e horários.

Mas meu encanto com o Paulistano foi abalado poucos meses antes de eu estrear em minha primeira regata. Tive uma febre alta que me levou a faltar ao treino por dois dias. Foi o suficiente para que Hércules me eliminasse do barco: "Não me importa a desculpa. Você deveria ter vindo. Pode voltar para a peneira". Virou as costas e foi avisar ao restante da equipe que eu seria substituído.

Senti no fundo da alma que havia sido injustiçado. O barco era formado por quatro remadores e eu ocupava a posição de voga, uma espécie de metrônomo do time, que se senta na frente e tem a função de dar o ritmo. Eu vinha treinando com muita paixão e sabia que o barco não tinha como ir para a água quando alguém faltava. Mas achei a atitude de Hércules ultrajante. Não pensei duas vezes: peguei minha mochila e atravessei o pontão até a ou-

---

[*] Daniel James Brown, *Meninos de ouro*. Rio de Janeiro: Sextante, 2010.

tra extremidade, onde ficava a garagem do Corinthians, principal rival do Paulistano naquela época. Fui recebido por Ricardo Rosa, que liderava a escolinha do clube. Uma semana depois, eu estava treinando e minha motivação era outra. Já não importava somente a recuperação do meu joelho, a minha curiosidade e a sedução daquele mundo. Ia de domingo a domingo para a raia movido também pelo ímpeto de não aceitar a humilhação de ter sido expulso — tudo o que eu queria era vencer. Virou uma questão de honra.

Treinei por dois anos e meio pelo Corinthians, fui federado e competi em várias categorias. Hoje percebo que o remo foi uma virtuosa escola de disciplina, foco e compromisso.

***

Meu envolvimento com a música não precisou de grandes empurrões para brotar. Desde criança, me sentia impactado por certas canções que tocavam no rádio. Chegava a me emocionar com algumas delas, sem ainda conseguir traduzir isso em palavras.

A vontade de aprender a tocar surgiu quando fui pela primeira vez a um show de música ao vivo. Tratava-se de uma apresentação do Grupo Rumo aberta ao público que passava pela praça Benedito Calixto, próxima à casa de meu avô. Fiquei magnetizado por aquela mistura de sonoridades conduzida pelo contrabaixo e pela bateria.

Mesmo bastante ocupada com a vida de professora, dona Sonia disse que acharia tempo para me levar a uma escola. Acabei indo parar em um curso de teclado da Yamaha por influência de um amigo que me falara sobre a infinidade de sons produzidos pelos sintetizadores. Fui aprendendo com velocidade e, em pouco tempo, comecei a participar de pequenos shows em espaços públicos.

Além de me proporcionar enorme prazer, a música foi ganhando cada vez mais relevo em meu cotidiano. Comecei a tocar em duas bandas e, no meio da adolescência, decidi migrar para o mundo do violão e da guitarra elétrica. Eram instrumentos muito mais relevantes para minhas músicas preferidas na época — basicamente, rock em suas várias modalidades.

Rolf sempre foi meu principal parceiro nessa faceta da minha trajetória. Nos conhecemos no primeiro dia de aula do ensino fundamental, quando sentamos, por acaso, em carteiras vizinhas. Desde então, passamos a viver como irmãos que compartilhavam todas as intensas experiências dessa fase e se apoiavam em tudo o que precisavam enfrentar.

Até hoje, a música segue profundamente integrada a minha rotina. Vou dormir e acordo ouvindo algum tipo de acorde. Esse hábito tornou-se uma estratégia para alimentar o âmago do meu entusiasmo e o desejo de continuar atento a novas descobertas.

***

Um dos atrativos que alimentavam a nossa imaginação como alunos do Porto Seguro era a possibilidade de participar de um intercâmbio para a Alemanha, ao final do ensino médio. Na época, não era tão comum adolescentes fazerem viagens internacionais, e o protecionismo do governo brasileiro — que mantinha indecorosos impostos de importação em todos os setores da economia — fazia com que produtos corriqueiros vendidos na Europa e nos Estados Unidos, desde chicletes até automóveis, fossem objetos de fascinação quando chegavam em nosso país.

Cultivei o sonho de pisar em solo alemão desde os primeiros anos do colégio, cujos ambientes eram decorados com posters muito chamativos, reveladores da beleza das cidades alemãs. No começo do segundo colegial, tiveram início as etapas de seleção dos alunos que integrariam o intercâmbio daquele ano. Comemorei muito a notícia de que eu havia entrado para a lista. Ao contrário da maioria dos meus amigos, que passavam as férias em Orlando com frequência, aquela seria não só a minha primeira viagem de avião como também para o exterior.

Cada intercambista ficaria morando por três meses na casa de uma família alemã, sorteada aleatoriamente. Ao longo da reunião em que fomos informados sobre nosso destino, cheguei a desconfiar da tal aleatoriedade, tendo em vista o nome da senhora que seria minha "mãe" durante a estadia: Sonja Hübner Teschner. Para quem era filho de Sonia Maria Hübner Mendes, aquilo tudo parecia ter sido combinado por trás das continas. Cheguei em casa extasiado para falar com minha mãe, que, ao contrário do que eu imaginava, reagiu à notícia com certo incômodo, revelando ciúmes indisfarçáveis.

Embarquei no 747 da Lufthansa como uma criança que chega em um parque de diversões. Todos os detalhes, provavelmente percebidos como ordinários por quem já viajou bastante de avião, me despertavam curiosidade. Especialmente a cabine dos pilotos, que estava fechada quando entramos na aeronave. Logo após decolarmos, acionei o pedido de apoio da tripulação e fui atendido por uma aeromoça muito alta e de olhar inquisitivo. Argumentei que se tratava do primeiro voo da minha vida, pelo qual havia esperado desde a infância, e que ficaria profundamente agradecido se pudesse visitar a cabine do piloto durante a viagem. Meu barato foi logo cortado por uma resposta protocolar e seca. Ela me explicou que essa prática não era autorizada pela companhia aérea. Provavelmente por ter percebido a frustração estampada em meu rosto, disse que tentaria falar com o comandante, buscando uma exceção.

Logo me desprendi da ideia e me envolvi no caos promovido pelos setenta jovens intercambistas que me acompanhavam naquela aventura. Trocávamos de lugares a todo tempo, querendo conversar com o máximo possível de amigos. Até mesmo a modesta refeição servida como jantar era objeto dos meus elogios. O ritmo foi aos poucos se acalmando até que decidi voltar ao meu assento e tentar descansar um pouco. No meio da madrugada, fui despertado pela aeromoça, pedindo para que eu a acompanhasse, pois o comandante estava à minha espera. Ao entrar na cabine, em vez de destinar minhas atenções às dezenas de botões e comandos, os quais sempre havia imaginado manipular, fui totalmente absorvido pela imagem que se formava por trás das pequenas janelas retangulares.

Tive a sorte de entrar no exato momento em que o sol começava a nascer, formando a inesquecível linha vermelha, rapidamente seguida por tons de laranja e amarelo no horizonte negro do final daquela noite. Cheguei a perder a fala, enquanto o piloto aguardava por perguntas sobre toda aquela tecnologia. Em segundos, o contorno de cores quentes foi dando espaço para tons mais claros, até se transformar em azul-celeste. A imagem transmitia a dimensão planetária do globo em que vivemos e encantava qualquer um com a sua beleza. Eu mal podia imaginar que tal imagem estaria presente em muitos episódios futuros na minha trajetória.

***

Segui com meus planos de me tornar médico e comecei um cursinho pré-vestibular estruturado em turmas pequenas, o que favorecia o desenvolvimento de novas amizades. Foi um período intenso, com muitas viagens ao litoral paulista, programas noturnos e um curso de sobrevivência na selva.

Nosso batismo na Serra do Mar foi um desastre. Chovia aos canivetes e o fluxo de água que começou a descer do alto da mata durante a madrugada carregou tudo o que encontrou pelo caminho. A única alternativa foi nos amontoarmos sob uma minibarraca que ainda parava de pé. Passar a noite de cócoras, encharcados até o último fio de cabelo e com os corpos gelados estava longe de ser nosso plano inicial. Mas todas as empreitadas valiam a pena. Nessa época, nossa única responsabilidade era frequentar o cursinho e ingressar na faculdade.

Em um sábado de agosto, logo depois de retornar de uma viagem a Campos do Jordão com meus amigos do colégio, fui levar meu irmão a um jogo de tênis. Foi quando levei o susto que iria impor um novo rumo ao leme do meu barco.

***

Me lembro do entusiasmo que senti quando soube que Conrado havia nascido. Eu tinha cinco anos, uma irmã mais velha muito amorosa e dezenas de primos. Mas nada se comparava à novidade de um bebê.

Meu irmão sempre foi sinônimo de calma, paciência e ponderação. Seu rosto rechonchudo e tranquilo encantava a todos. Curiosamente, o fato de ocupar a posição de caçula protegido nunca nos incomodou. O gosto pelo aprendizado já se anunciava nele como um traço de personalidade desde muito cedo. Começava o dia abrindo o jornal impresso e devorando o caderno de esportes. Talvez por influência do meu avô Jeferson, jogador veterano no Clube Pinheiros, se apaixonou pelo tênis e começou a se dedicar para valer. Certas vezes, eu era escalado para levá-lo aos treinos e torneios que passaram a fazer parte de sua rotina.

Morávamos em um bairro de classe média, que começou a conviver com frequentes furtos e roubos. Explorar o espaço da rua com tranquilidade já não era mais recomendado, e fazia tempo que eu andava preocupado com segurança — apesar de saber que meus pais estavam construindo uma nova casa, em uma região mais segura.

Naquele sábado de 1990, fiquei de levar Conrado a um de seus jogos, após o almoço. O carro estava estacionado fora da garagem, em frente à minha casa. Engatei a ré, virei para trás, comecei a acelerar e ouvi um barulho agudo, seco e ensurdecedor. Na sequência, a porta do passageiro foi aberta bruscamente por um rapaz. "Desce!", ele gritou. Meu irmão, que tinha treze anos, saiu assustado. Outro assaltante abriu a porta do motorista e me jogou no asfalto. Entraram no carro, arrancaram e desapareceram em segundos.

Fomos socorridos por minha mãe e minha tia Sandra, que ouviram o grito de Conrado. Pararam o primeiro carro que passou, um pequeno utilitário, me colocaram na caçamba e seguimos para o hospital. Com muita dificuldade para respirar, logo percebi que não estava me movimentando e havia sangue pelo meu corpo. Na mesma hora, entendi que havia sido baleado e me veio a imagem de uma cadeira de rodas na cabeça. Apesar do imenso medo do que viria pela frente, foquei meu pensamento em sobreviver. Canalizava toda minha energia em conseguir dar cada respiro e permanecer vivo. Minha experiência como remador foi decisiva para que eu não me entregasse.

Já na mesa do pronto-socorro, rodeado por médicos, ouvi alguém dizendo que o caso era grave. Começava, ali, uma maratona sem fim de procedimentos médicos que eu nem imaginava existirem.

***

Fazia parte da rotina profissional do meu pai viajar para municípios próximos a São Paulo, onde realizava medições de terras envolvidas em disputas judiciais. Com isso, elaborava laudos que eram encaminhados aos juízes responsáveis pelos processos. Naquele sábado, meu pai estava na zona rural de Juquitiba para produzir uma de suas perícias. Não tínhamos ainda telefone celular, impedindo que ele recebesse de pronto a notícia do assalto.

Logo após ser atendido pela equipe de emergência do Hospital Albert Einstein, fui encaminhado para um corredor onde fiquei aguardando a liberação de um quarto para a internação. Alguns amigos e conhecidos começaram a chegar para dar apoio a minha mãe e minha tia.

Ciente de que eu poderia não sobreviver, estava ansioso para encontrar meu pai. Passaram-se horas até que ele chegou e foi levado ao meu encontro. Ao me ver na maca, muito fragilizado, enfrentando o limite entre a vida e a morte, segurou em meu braço e disse: "Fique tranquilo, filho. Faça a sua parte, a gente vai fazer a nossa e vamos vencer isso tudo". Seu tom de voz transmitia firmeza e, ao mesmo tempo, amparo.

A mensagem de meu pai transformou-se em uma espécie de lema diário, que me influencia até hoje. Durante muitos anos, adotei o ritual de pensar nela logo que acordava pela manhã. Ao mesmo tempo que me dava o conforto de saber que eles estavam ao meu lado de forma incondicional, deixava claro qual era minha responsabilidade: fazer o melhor que eu pudesse e não perder nenhum segundo com queixas em vão.

Minha situação era tão extrema que eu não poderia me dar ao luxo de desperdiçar tempo com reclamações ou autopiedade. Tive esse insight logo nos primeiros dias de internação. Minha energia precisava ser totalmente dedicada ao gigantesco desafio de não sucumbir. Qualquer desvio do meu foco poderia me nocautear para sempre. As sábias palavras do meu pai ecoavam como um mantra, uma bússola que me apontava o norte a ser seguido.

Rapidamente, outros parentes e amigos ficaram sabendo o que havia se passado e se dirigiram ao hospital. Aquela era uma fase em que eu participava ativamente de vários grupos: a turma do colégio, do clube de campo, do remo, do cursinho, e por aí vai. Logo na primeira noite, a sala de espera do andar em que eu estava internado lotou a ponto de não caber mais ninguém. Todos queriam entrar no quarto para me ver. Apesar de não recomendado pelos médicos — dado que eu estava fisicamente muito vulnerável —, eu pedia que os deixassem entrar. Não dava tempo de falar com cada uma das visitas e algumas precisavam voltar outro dia. Sentia-me amparado por esse esquadrão disposto a fazer o que fosse necessário por mim.

***

Eu me lembrava muito bem das aulas de biologia do sétimo ano sobre o corpo humano. Rodrigues, nosso professor, chegava na sala carregando uma maleta preta, apoiava-a na mesa e apertava os botões de trava simultaneamente, gerando um "clack" que ressoava pelo recinto — o que já prendia nossa atenção. Na sequência, sacava uma flanela laranja, que passava religiosamente sobre a mesa. Somente depois, erguia a cabeça e nos cumprimentava. Usava terno, gravata, um jaleco branco e tinha o cabelo marcadamente penteado para o lado. Era bem metódico, exigente e tinha o nosso respeito.

Um dos últimos tópicos que estudamos naquele ano foi o sistema nervoso. Dentre todos os mistérios que envolvem o cérebro humano, chamou-me a atenção o fato de termos dentro da coluna um longo feixe de células, chamado medula espinhal, que faz parte do sistema nervoso. Esse feixe tem a função de transmitir os comandos que nosso cérebro envia para as outras partes do corpo quando queremos movimentar algum músculo. A transmissão ocorre por meio de sinais elétricos, analogamente a um telefone fixo que precisa de uma complexa cadeia de fios para que a voz chegue até o outro lado da linha. Caso algum fio seja cortado, a ligação é interrompida.

O mesmo ocorre quando uma pessoa sofre, por exemplo, uma violenta pancada na coluna e lesiona a medula espinhal. Como consequência, os comandos deixam de ser conduzidos da cabeça aos músculos e ela perde o controle dos movimentos. No meu caso, a bala atravessou o pescoço, passando ao lado da coluna cervical. Não chegou a romper a medula espinhal. No entanto, a alta temperatura do projétil gerou uma pequena queimadura — difícil de identificar até na ressonância magnética —, que interrompeu o fluxo dos sinais naquele ponto específico do meu "cabo elétrico central". Pode parecer simples de resolver, mas são raras as situações em que os milhões de fios microscópicos que compõem esse cabo conseguem se reconectar, mesmo se tratando de um trecho tão minúsculo.

O maior desafio inicial era recuperar minha respiração, que havia caído para cerca de dez por cento das taxas normais. Apesar do meu enorme desconforto, os índices de oxigenação mostravam-se razoáveis. Os médicos resolveram esperar alguns dias antes de decidir sobre uma eventual traqueostomia (perfuração feita na altura da traqueia). Isso facilitaria o fluxo do ar, mas qualquer intervenção cirúrgica deveria ser evitada, diante dos riscos de infecções ou outras complicações prováveis para alguém naquele estado. Minha condição era semelhante à de um avião que perdeu quase todas as turbinas, mas precisa seguir voando para não despencar.

Depois de uma semana resistindo o quanto podia, meu diafragma entrou em estafa e minha respiração parou. Precisei ser transferido para a UTI e entubado. O quadro foi se complicando, até que os médicos assumiram para minha família que estavam com muitas dúvidas sobre o que fazer. Como recuperar com rapidez a força de um músculo que está na lona e tudo o que deseja é descansar? A situação era angustiante e eles decidiram recorrer a um pneumologista muito talentoso, que poderia trazer uma solução, visto que criava equipamentos inusitados.

No dia seguinte, chegava ao hospital o dr. José Roberto Jardim, sumidade no campo da pneumologia. Ele se aproximou do meu leito como se já me conhecesse há tempos. Exibindo um sorriso simpático, que se repetiria em todos os nossos encontros, me disse para ficar tranquilo: "Vamos dar um jeito para que você consiga cantar como um tenor". Explicou que seria imprescindível sair do tubo e começar a fazer exercícios. Para isso, eu precisava descansar bem durante à noite, o que era inviável diante do baixo nível de força do meu diafragma. Despediu-se, dizendo "Aguente aí! Volto o mais rápido possível com alguma alternativa".

Pouco tempo depois, vi o dr. Jardim de pé, na minha frente, com uma expressão de entusiasmo no rosto. Ele havia criado um equipamento exclusivamente desenhado para mim. Tratava-se de um colete feito de náilon cinza, com um furo no meio do peito, que lembrava o do Homem de Ferro. Tinha cordinhas nas bordas dos braços, do pescoço e do abdômen, de forma que eu podia vesti-lo e vedar as extremidades. A invenção contava também com um aspirador de pó da Electrolux programado para funcionar em um looping de liga/desliga, produzindo um fluxo semelhante ao de inspirar/expirar. O tubo do aspirador era conectado ao furo do colete, fazendo com que meus pulmões inflassem e esvaziassem sem grandes esforços. A engenhoca tornou-se meu "pulmão de aço".

Apesar da incerteza sobre os resultados que o colete produziria, posso dizer que o dr. Jardim iluminou o fim daquele túnel com um sol. Seu otimismo contagiou a todos, especialmente seu novo paciente. Poucas horas mais tarde, fui transferido da UTI para um quarto, cujo mobiliário envolvia o tal aspirador de pó e seus rústicos componentes. Passei a usá-lo toda noite para repousar e, durante o dia, fazia sessões infindáveis de exercícios.

Acho que não teria dado conta do recado se não tivesse vivido a fase do remo, quando qualquer pedido de trezentas repetições de um determinado movimento era encarado pelos atletas como inofensivo. Especialmente por Hércules. Cinco semanas mais tarde, após várias intercorrências — como uma pneumonia que ocupou 70% dos meus pulmões —, consegui recuperar razoavelmente minha respiração. A sensação era semelhante à do dia em que me arrisquei a pegar onda na praia de Guaecá, onde meu amigo Erick tinha casa e passávamos as férias.

O mar estava bastante revolto, mas achamos que seria possível entrar. Depois de cair da prancha com a onda já quebrando, fiquei um longo período submerso, sendo surrado pelo oceano. Sempre que parecia estar chegando à superfície, vinha outra montanha de água e me empurrava brutalmente para o fundo. Quando já achava que não ia mais sair dali, consegui colocar a cabeça para fora e inspirar como quem suga toda a atmosfera para dentro do peito. Essa minha longa e profunda inspiração simboliza bem a conquista de voltar a respirar com conforto depois de dois meses hospitalizado. Sem exageros, devo ao dr. Jardim a façanha de ter conseguido sair vivo daquela pancadaria diária que enfrentei ao longo dos dois meses no hospital. O próximo passo seria recuperar os movimentos.

***

A chegada à minha casa estava à altura do sentimento de vitória com a tão esperada alta. Meus amigos organizaram uma carreata que escoltou nosso carro por todo o trajeto. Depois de tanto tempo no leito, circular em um automóvel era tão agitado e brusco quanto passear de carroça em uma estrada esburacada. A partir desse dia, minha casa se tornou um ponto de encontro de todas as turmas de que eu fazia parte. O ritmo era agitado em todos os horários. Conforme minha história ia sendo contada para os conhecidos dos meus amigos, que já eram muitos, essa rede de torcedores se ampliava em progressão geométrica.

Minha família precisou criar algumas regras, pedindo para que as pessoas agendassem com antecedência. Somente após um ano recebi menos de três visitas em um único dia. Mesmo percebendo certos exageros na frequência de algumas pessoas, tinha prazer em recepcioná-las e até mesmo incluí-las em minha rotina de fisioterapia.

Fui obrigado a abandonar o cursinho e destinar todo o meu tempo à minha recuperação. O fato de a bala não ter rompido a medula espinhal gerava nos médicos uma nítida insegurança em relação ao prognóstico. A todo tempo, a mensagem que recebíamos era a de que havia a possibilidade de recuperação plena da minha condição física. Talvez pelo perfil da minha família, nem déssemos espaço para que falassem o contrário.

Isso serviu como uma espécie de colchão temporal para meu próprio processo de lidar com tantas mudanças. Levei seis meses para voltar a sentar e um ano para conseguir sair de casa, quando fui a um churrasco no Guarujá organizado pela minha amiga de infância Daniela Pernambuco. Tudo era muito lento. Para alguém que tinha dezenove anos e observava os amigos seguirem seus caminhos, vivendo a intensa fase do ensino superior, a espera parecia uma eternidade. Mas não chegava a ser monótona.

Minha rotina era extremamente agitada. Pelo menos três sessões de fisioterapia por dia, acupuntura e, obviamente, muitas visitas famintas por um papo.

***

A ida ao Guarujá resultou na introdução de mais uma atividade em minha rotina que se transformou em grande fonte de prazer. Estava na beira da piscina com a turma do colégio, quando fui abordado por um senhor, chamado Luca. Disse que era artista, havia ouvido falar da minha história e gostaria de me oferecer aulas de pintura. Confesso que, de início, não tive a menor atração pelo convite. Estava bem vacinado contra os charlatões de plantão. Mas, motivado por uma certa mistura de curiosidade e desejo de diversificar um pouco minha programação diária, acabei aceitando e mergulhando em um universo que já havia vislumbrado de leve na infância.

Na época do pré-primário, eu fazia desenhos de observação dos móveis da nossa sala e aprendi uma técnica com giz de cera, baseada em degradês, que gerava um resultado estético interessante. Isso levou minha mãe a organizar uma exposição na garagem de casa, inaugurada na festa de aniversário dos meus seis anos. Teve curadoria, iluminação, projeto cenográfico. Enfim, tudo o que uma exposição de gente grande exigia.

O que mais marcou a minha memória nessa festa (e, provavelmente, a de todas as outras crianças) foi o carrinho de cachorro-quente que permaneceu o tempo todo no quintal. Dona Sonia havia contratado o senhor que vendia hot dog na portaria do Clube Pinheiros. Era inacreditável pensar que poderíamos comer à vontade, incluindo todos os recheios opcionais, cobrados à parte, sem ter que fazer contas. Mas, pelo menos para os adultos, a "mostra de arte" chamou a atenção e vinham me fazer elogios. Essa fase não durou muito. O charme do futebol foi implacável e o esporte ocupou de vez o topo do ranking de minhas preferências como garoto. A arte foi deixada de lado e eu jamais imaginava que a reencontraria já adulto.

A experiência com a pintura durante meu período de reabilitação serviu como um veículo de empoderamento. Durante dois anos, dediquei-me diariamente ao aperfeiçoamento da minha técnica. Realizei várias exposições, passei a frequentar os museus de São Paulo, conheci artistas respeitados e, o mais importante de tudo, consegui atender a uma necessidade, quase existencial, que havia nascido logo nos primeiros dias da minha hospitalização. A língua inglesa parece traduzir bem esse sentimento por meio da expressão *giving back*, adotada comumente por filantropos da cultura anglo-saxã. Desde os primeiros dias internado no Albert Einstein, fiquei profundamente tocado pela imensa dedicação de tantas pessoas que se mostraram verdadeiramente solidárias. Colocavam-se à disposição para qualquer demanda que estivesse ao seu alcance e abriam mão do seu tempo pessoal para cumprir toda missão que fosse dada.

Essa atmosfera de positividade impressionava não só pelo volume, mas também pela constância. Ao observar diariamente a força dessa rede de generosidade, comecei a imaginar o que poderia fazer no futuro para agradecer a cada um de seus integrantes. Ficava elucubrando formas de retribuir, de devolver tantas coisas boas que vinha recebendo. Enviar algum presente especial para cada um deles depois que o tsunami passasse? Trabalhar voluntariamente em alguma comunidade carente toda semana? Alimentei esse anseio por um bom tempo, até que surgiu a primeira oportunidade de começar a correspondê-lo. Logo após minha primeira exposição de arte, ao perceber o enorme horizonte que aquela atividade havia me proporcionado, decidi fundar uma escola de artes voltada ao atendimento de pessoas em situação de vulnerabilidade.

A ideia do empreendimento ganhava cada vez mais sentido, à medida que o tempo ia passando e a franqueza dos fatos indicava que minha reabilitação física levaria ainda bastante tempo. Qualquer outro plano mais ambicioso, inclusive o de retomar meus estudos, parecia impraticável no curto prazo. No entanto, fundar uma escola que não tinha grandes ambições parecia estar ao meu alcance. Imprimi um cartaz com a frase "Cursos Rodrigo Mendes — Tel: 813-1492" e colei-o em um dos painéis que ocupavam o centro cultural em que foi realizada minha segunda exposição. Mais de setecentas pessoas passaram pela vernissage, mas ninguém comentou minha peça publicitária. Na semana seguinte, recebi um telefonema de Armando Ferrentini, pai de uma amiga do colégio.

Tínhamos nos conhecido em uma festa na sua casa, ainda na época em que eu estava no ensino médio. Muito comunicativo e acolhedor, Armando era um empresário bem-sucedido no setor de propaganda e marketing. Ele acompanhava de perto cada passo que eu dava e era figurinha marcada em minhas mostras. Tinha reparado no despretensioso cartaz e queria entender quais eram meus planos com aquilo. Expliquei que vislumbrava iniciar um projeto de cunho social, inspirado na minha recente experiência com a arte, e aproveitei para dividir minhas dúvidas sobre como e quando começá-lo.

Seu conselho foi curto e direto: "Enquanto não começar, você não vai saber se a ideia é mesmo boa. Tenho alguma influência nos meios de comunicação e posso te apoiar". Sentindo-me respaldado, joguei pela janela os conflitos de alguém que não queria colocar a carro na frente dos bois. Alguns meses mais tarde, investi todo o dinheiro que vinha recebendo com a venda das minhas pinturas para alugar um imóvel e inaugurar a escola que, após sucessivas transformações, se tornaria o Instituto Rodrigo Mendes.

***

Em 1914, um nobre navegador britânico chamado Sir Ernest Shackleton deu início a uma viagem que se tornaria uma lenda no campo da liderança e da resiliência: a Expedição Transantártica Imperial. Seu objetivo era realizar a primeira travessia completa do continente antártico e concluir o último grande desafio da chamada Idade Heroica da exploração dessa região do planeta. Para isso, Shackleton adquiriu o imponente veleiro *Endurance* e começou um minucioso processo de seleção de sua tripulação, publicando no jornal o curioso anúncio: "Procuram-se homens para jornada arriscada. Salários baixos. Frio implacável. Longos meses de completa escuridão. Perigo constante. Retorno seguro duvidoso. Honra e reconhecimento em caso de sucesso". O aspecto sombrio do texto nada mais era do que uma honesta projeção do que enfrentariam. Após receber cerca de 5 mil candidaturas, Shackleton formou um time de elite composto por 27 experientes profissionais, que contemplava marinheiros, cientistas, dois cirurgiões, um carpinteiro e um veterinário.

O plano era navegar até a Antártida, desembarcar parte da tripulação e realizar uma travessia de 2900 quilômetros a pé, com o apoio de 69 cães e trenós, até o mar de Ross, situado no extremo oposto do continente. O negócio acabou não dando certo. Pouco antes de o *Endurance* chegar ao ponto de desembarque, o mar congelou, obrigando-os a viver presos no navio por nove meses. Shackleton contava que a temperatura subiria, permitindo que o gelo cedesse e libertasse o barco. Porém, a pressão sobre o casco foi se intensificando com o passar do tempo, a ponto de arrebentar a estrutura da robusta embarcação, que afundou em poucos dias. O capitão e sua equipe precisaram passar um longo período vivendo à deriva, em um acampamento improvisado em cima das placas de gelo, sob condições extremas, numa das regiões mais inóspitas do globo. Sujeitos a temperaturas muito baixas, ventania contínua e muita umidade.

Em dado momento, a placa de gelo rompeu-se e os 27 exploradores partiram em busca de terra firme, usando os três barcos salva-vidas que haviam descarregado do navio. Após cinco exaustivos dias no mar, a tripulação desembarcou em uma ilha perdida no mapa, cujas condições eram praticamente tão adversas quanto às da superfície polar que haviam abandonado. Shackleton sabia que estavam afastados de qualquer rota marítima e que a chance de sobreviverem era remota. Decidiu arriscar novamente e partiu com dois de seus melhores homens em uma tentativa audaciosa de chegar à estação baleeira da Geórgia do Sul, onde haveria ajuda. Navegaram mais de 1200 quilômetros em um dos botes até alcançarem essa outra ilha. Meses mais tarde, os 25 aventureiros que haviam sido deixados para trás avistaram no horizonte a chegada de um barco. Nele estava Shackleton, à frente da missão de resgate que levaria todos vivos de volta à civilização.

Tive a chance de ler o livro sobre a saga de Shackleton muitos anos após meu acidente.[*] Mesmo assim, voltei no tempo e me identifiquei bastante com alguns aspectos da narrativa. Em várias passagens, Shackleton fala sobre a relatividade das adversidades. Dizia, por exemplo, que quando a temperatura subia de

---

[*] Sobre essa incrível aventura, veja: Alfred Lansing, *A incrível viagem de Shackleton*. Rio de Janeiro: Sextante, 2022; e *Endurance: A lendária expedição de Shackleton à Antártida*. São Paulo: Companhia das Letras, 2020.

-25°C para -5°C, os membros de sua equipe, comparativamente ao cenário anterior, sentiam-se extremamente confortáveis e felizes. Analogamente, quando comecei a frequentar clínicas de reabilitação, percebi que, na verdade, eu estava em uma posição de evidente privilégio. A maioria das pessoas que passam por acidentes ou nascem com impedimentos físicos enfrentam também a pobreza. Raramente dispõem de recursos para arcar com os medicamentos e equipamentos necessários. Lembro-me do choro desesperado de uma mãe que não tinha mais como manter o filho na clínica de fisioterapia por falta de dinheiro.

Na verdade, esse insight sobre a relatividade de nossos obstáculos surgiu logo na primeira semana de hospital, quando percebi que estava nas minhas mãos calcular qual seria a amplitude do meu problema. Em relação a quem não tinha nenhum suporte, minha realidade era repleta de perspectivas e possibilidades. Internamente, comecei a cultivar a ideia de que cada um de nós dimensiona o tamanho de suas adversidades. Caí na bobagem de comentar isso com um amigo de meus pais que, na semana seguinte, colocou como protetor de tela de seu computador a frase: "Você dimensiona o tamanho dos seus problemas — Rodrigo Mendes". Sempre tive certo pavor de gurus de botequim que se metem a dar conselhos rasos sobre a vida e a humanidade, manifestando uma prepotência assustadora. Achei melhor guardar para mim e alguns amigos mais íntimos os meus pensamentos, mas sentia no meu íntimo que o tema ainda daria pano para manga — ou muita tinta para papel.

***

A escola de artes foi inaugurada em 1992, durante uma grande festa em que recebemos amigos, artistas, profissionais do setor cultural e da imprensa. Entre os convidados, estava o dr. Jardim, acompanhado de seu tradicional sorriso e entusiasmo. Ao cumprimentá-lo, busquei corresponder ao seu estilo espirituoso, dizendo: "Viu só, Jardim. Arrumei um jeito de conseguir o meu CRM", referindo-me aos Cursos Rodrigo Mendes. Aquilo reverberou bem mais do que eu imaginava e, segundo ele, até hoje essa história é contada em suas aulas de pneumologia.

Ferrentini honrou a promessa e acionou sua rede de relacionamentos, gerando uma ampla cobertura da mídia. Naquela semana, participei de dezenas de programas de televisão e rádio, ao mesmo tempo que a iniciativa era noticiada em vários veículos impressos. Os candidatos a alunos foram surgindo e começamos a atender crianças e jovens com diferentes tipos de deficiência. A maioria pertencia a famílias de baixa renda e participava gratuitamente dos cursos.

O dinheiro que eu havia reservado para o financiamento do projeto era suficiente para doze meses de operação. Conforme a demanda por vagas ia crescendo, eu começava a me perguntar como iria sustentar o modesto empreendimento. Curiosamente, um mês antes de nosso fôlego terminar, fui procurado por um empresário de Guarulhos que havia me escutado em uma entrevista de rádio e gostaria de agendar uma reunião. Já com uma minuta de contrato na mão, veio até a escola dizendo que tinha uma proposta. Era dono de uma gráfica de cartões de Natal e estava em busca de alguém que produzisse imagens e estivesse disposto a licenciá-las para fins comerciais. A proposta previa o pagamento de uma taxa mensal fixa, calculada com base na estimativa de venda dos cartões, ilustrados com imagens produzidas em nossa escola. Ao me apresentar o valor, percebi que era superior aos nossos custos fixos mensais. Ou seja, renovaríamos nosso oxigênio por mais doze meses e poderíamos, ainda, abrir novas vagas.

Alguns dias depois, o contrato estava assinado e o motor do meu barquinho poderia seguir.

***

Continuei participando de vários programas televisivos, que me davam maior visibilidade e aumentavam a quantidade de pessoas que queriam conhecer a escola. Uma delas telefonou para nossa secretária, dizendo que precisava me encontrar com urgência. Alguns dias depois, eu recebia um jovem halterofilista que havia se tornado cadeirante em virtude de um acidente de carro. Tinha acabado de retornar de um tratamento em Cuba e estava deslumbrado com os resultados. Com brilho nos olhos, dizia que se tratava de um centro de reabilitação em Havana exclusivamente criado para atender estrangeiros com impedimentos motores e neurológicos. Estivera lá por alguns meses e já notava uma expressiva melhora na sua condição física. "Você precisa ir para lá!", me disse.

Fiquei bem impactado, não só por sua euforia, mas especialmente pelo fato de eu nunca ter ouvido falar do tal centro. Os médicos que me acompanhavam eram muito bem conectados com o mundo e, sempre que perguntávamos sobre a hipótese de um tratamento mais avançado no exterior, afirmavam que eu estava recebendo o que havia de melhor para o meu caso aqui mesmo, no Brasil. Havia também o lado dos amigos mais palpiteiros que, com frequência, sugeriam que eu deveria ir me tratar nos Estados Unidos, no Canadá ou na Europa. Mas Cuba? Definitivamente não passava por nossas conversas.

Lembro-me da foto de Fidel Castro, de uniforme militar verde--oliva e rodeado por uma multidão de pessoas, em um dos meus livros de história no ensino médio. Meu professor contava, com certa admiração, as façanhas daquele jovem advogado cubano que havia se tornado um inegável mito do mundo contemporâneo. Vivíamos ainda o período da Guerra Fria e as tensões entre os Estados Unidos e a então União Soviética permeavam muitos dos filmes a que assisti na adolescência. Apesar de sua aparente insignificância territorial (uma ilha com extensão inferior à do Ceará), Cuba havia galgado um papel de protagonismo no tabuleiro dessa guerra. Era impressionante pensar que Fidel tinha liderado uma revolução capaz de ludibriar o poderio militar norte-americano e transformar aquele país periférico em uma simbólica plataforma de propaganda do socialismo russo, a menos de 150 quilômetros do litoral da Flórida.

Depois de conversar desconfiadamente com outros cinco brasileiros que haviam experimentado o centro de reabilitação cubano, percebi que poderia mesmo estar comendo bola ao permanecer focado somente no Brasil. Os elogios eram unânimes e terminavam com frases do tipo "Não vejo a hora de voltar. Só depende agora de dinheiro". O custo tornou-se o principal gargalo para a eventual ida a Havana. Assim como o setor de turismo, serviços de saúde passaram a integrar a estratégia do governo de Cuba para gerar divisas e tentar financiar o rombo decorrente do colapso da União Soviética. Durante décadas, o país sobrevivera com base no apoio que recebia dos russos, já que sofria um severo bloqueio econômico por parte dos americanos.

Esse modelo derreteu após o presidente soviético Mikhail Gorbachev criar amplas iniciativas voltadas à modernização do Estado que acabaram provocando a dissolução daquele império no Leste Europeu. Iniciou-se, então, em Cuba o que foi chamado de Período Especial em Tempos de Paz. Tratava-se de uma fase de profunda depressão econômica no país resultante do fechamento da torneira de petróleo e outros recursos que provinham do seu aliado socialista. Para enfrentá-la, Fidel implementou bruscas modificações na agricultura, na indústria e um severo racionamento de alimentos que debilitou muito a vida do povo cubano.

Ao mesmo tempo, promoveu melhorias na infraestrutura hoteleira e criou centros de serviços de saúde voltados para estrangeiros, cujas tarifas não cabiam em qualquer bolso. Como sempre, meus pais entendiam que todo esforço para a minha recuperação valeria a pena. O tratamento custaria algumas dezenas de milhares de dólares, não disponíveis embaixo dos nossos colchões. Pelo contrário, fazia pouco tempo que nossa nova casa havia sido concluída, o que gerava ainda uma série de gastos extras, e várias das minhas despesas médicas não eram cobertas pelo nosso plano de saúde. Mesmo com o orçamento apertado, seu José e dona Sonia se desdobraram e conseguiram viabilizar minha ida à terra do rum, da salsa, do mar turquesa e da revolução.

Alguns meses mais tarde, pousei em Havana, a bordo de um avião russo da companhia aérea "Cubana de Aviación". A aeronave não era das mais novas e seu interior exalava um forte cheiro de querosene. Entretanto, como diz a lenda sobre foguetes russos, são simples, mas cumprem muito bem seu papel. Nunca estivera no Caribe, e a viagem, desde o início, tinha uma atmosfera de férias e descobertas. Fui transportado de ambulância do Aeroporto Internacional José Martí até o tão falado centro de reabilitação. Ele ficava situado no bairro de Miramar, a poucos minutos da Marina Hemingway.

As instalações me passavam uma impressão meio ambígua. Por um lado, havia logo na portaria uma guarita com soldados que lembrava uma base militar. Ao mesmo tempo, o prédio era bem comprido, tinha poucos andares, e a fachada rodeada de bonitos jardins, sob um céu quase sempre azul, me remetia à aparência de um resort. Essa sensação se confirmou quando fui recepcionado por uma simpática equipe de enfermeiras e um representante da área administrativa. A decoração, a limpeza e o cheiro dos corredores lembravam hotéis de redes internacionais. Após me levarem a meu apartamento, explicaram que a equipe médica viria ao meu encontro em algumas horas para se apresentar e dar orientações sobre como seria minha rotina. Aproveitei o intervalo para visitar o setor do prédio destinado à reabilitação.

Ao chegar, fiquei muito entusiasmado com a imagem que via através da janela de vidro que ocupava metade da porta. Imagine um amplo ginásio de esportes, repleto de equipamentos, atletas com roupas esportivas e preparadores físicos totalmente dedicados aos exercícios de seus ginastas. Esses eram, em sua maioria, jovens e vinham de diferentes países. Complete a imagem com dezenas de cadeiras de rodas espalhadas pelo recinto e uma música dançante tocando a todo volume. Assim era o ambiente que eu frequentaria durante minha estadia no *hospital resort*. Na primeira semana, passei por uma longa bateria de exames que envolvia testes físicos, análises clínicas e de imagem. Concluíram que minha estrutura neurológica e muscular estava muito bem preservada e que o tratamento proposto seria baseado em longas sessões de fisioterapia, todos os dias, por três meses.

Na manhã seguinte, acordei mais cedo, tomei o café da manhã e, conforme havia sido instruído, fiquei na porta do apartamento à espera do meu *rehabilitador*. Surge, então, no corredor, um sujeito com mais de dois metros de altura, braços muito fortes, longo bigode preto e cabeça raspada. Parecia andar em câmera lenta. Aproximou-se dizendo que se chamava Diego DePestre e seria responsável por mim. Fomos juntos até o ginásio, onde paramos perto de uma janela para conversar. Diego queria ouvir um pouco sobre minha história e experiência com exercícios.

Fui dando detalhes de cada etapa da minha jornada até que, quando comentei que tinha sido remador federado, ele arregalou os olhos e abriu um sorriso. Disse em tom de excitação que era um ex-remador olímpico e havia competido por longos anos defendendo Cuba. Eu já tinha gostado bastante do seu estilo discreto e determinado. Transmitia um ar de segurança e maestria. A coincidência quanto ao remo favoreceu ainda mais a abertura para estabelecermos um vínculo de cumplicidade, como dois passageiros de um avião que se sentam juntos e, durante o voo, descobrem ter estudado na mesma escola. Nascia ali uma genuína amizade pautada em respeito.

Começamos em seguida, fazendo uma sequência de alongamentos que passava pelas principais articulações do corpo. Esses movimentos tornaram-se meu aquecimento diário, antes de partir para os exercícios mais pesados. DePestre era muito habilidoso e, usando uma longa faixa de judô, conseguia posicionar diferentes partes do meu corpo em equipamentos que eu nem imaginava usar um dia. Para estimular a musculatura dos meus braços, por exemplo, sentava-me em uma prancha conectada a uma estrutura que, no Brasil, chamamos de rosca. Amarrava meus pulsos nas barras de ferro e pedia que eu as movimentasse, em ciclos de cinquenta ou mais repetições. Obviamente, usava sua própria força para deslocar meu peso. A intenção era permitir que eu retomasse a sensação do movimento e, mais do que isso, tentasse restaurar a transmissão dos sinais elétricos enviados pelo cérebro até os músculos. Esse tipo de mecanismo, que simulava meus movimentos, era também aplicado em outras partes do corpo, inclusive para abdominais, cujas repetições chegavam a quinhentas. O ritmo era extremamente intenso e demandante. Eu terminava os dias exausto e, em certas noites, acordava meio assustado, fazendo a contagem de alguns dos exercícios.

Apesar da rotina frenética, o clima era bastante descontraído e divertido. Comecei a fazer amizade com os outros fisioterapeutas, enfermeiros e, principalmente, com os demais hóspedes do resort paralímpico. Havia jovens de um amplo leque de países, como Chile, Uruguai, Argentina, Bolívia, Equador, Colômbia, México, Espanha e, surpreendentemente, Estados Unidos. Tentei entender o porquê da vinda do norte-americano a um território socialista, e ele me explicou que não encontrara em seu país uma instituição que oferecesse tratamento tão personalizado, em horário integral. Ao todo, o grupo tinha cerca de sessenta pessoas. Boa parte se encontrava à noite para tomar rum e, ocasionalmente, passear pela cidade.

Em uma dessas saídas, fomos a um show de salsa numa boate a céu aberto, na beira do mar. Estávamos no inverno caribenho, mas a região permanecia quente mesmo nesse período. Eu não poderia supor que existisse a chance de sentir frio e acabei indo de bermuda e camiseta. Começou a ventar muito, e meu corpo, aos poucos, foi sentindo o baque. Quando isso acontece, meu organismo tende a reagir com calafrios e, às vezes, bruscas contrações musculares. Em dado momento, minhas pernas esticaram fortemente e, como minhas canelas estavam freadas por uma alça de proteção que ficava na base dos pés, foi gerada uma espécie de alavanca e, repentinamente, fiquei de pé. A contração cessou em alguns segundos e eu caí de peito no chão. Não sei muito bem como explicar, mas a queda foi suave e inofensiva. Em meio à música que tocava a todo volume, fui socorrido por duas bailarinas que, ao verem nossa mesa repleta de garrafas, me ajudaram a voltar para a cadeira e sugeriram, sorrindo, que eu pegasse leve na bebida. Calculei o tempo que iria levar para explicar o fenômeno sucedido, e optei por responder em raso portunhol *"No te preocupes, voy a controlarme"*.

O tempo foi passando e a contagem regressiva dos três meses de tratamento começou a dar sinal de alerta. Sentia-me cada vez mais forte, mas sabia que os ganhos musculares estavam anos-luz de distância de serem suficientes para que eu recuperasse movimentos funcionais. Naquele ritmo, levaria décadas, mesmo que eu seguisse com o maior empenho possível. Eu tinha consciência do esforço que meus pais haviam feito para viabilizar o pagamento daquela estadia de luxo e me cobrava muito para fazer valer cada centavo. Dedicava-me tanto quanto na época do remo e não titubeava em atender aos pedidos quantitativamente crescentes de DePestre. Ele brincava que estava me preparando para os Jogos Olímpicos de Atlanta, que ocorreriam dois anos mais tarde.

Para que meu tratamento pudesse ter continuidade, comecei a matutar sobre a hipótese de voltar ao Brasil e contratar DePestre para permanecer comigo por mais um tempo. Sondei-o a respeito da ideia e, mesmo sabendo de sua improvável viabilidade, ele respondeu positivamente, explicando que conseguiria gerenciar suas questões pessoais para viver um período no exterior. Fui conversando com os colegas que estavam havia mais tempo no hospital e confirmei o que já imaginava. A profunda crise econômica de Cuba e os malefícios da ditadura implementada após a revolução de 1959 — como a censura, a perseguição política e a violação de direitos humanos — faziam com que muitos cubanos almejassem uma vida em outro país.

A emigração era proibida e muitos partiam clandestinamente para os Estados Unidos, arriscando-se em embarcações precárias que nem sempre chegavam ao seu destino. Lembro-me de anos antes ter assistido nos telejornais brasileiros a cenas angustiantes de famílias inteiras, em botes salva-vidas, tentando chegar a Miami. Mas, para minha surpresa, uma amiga espanhola sabia de um caso em que uma família havia conseguido levar um dos fisioterapeutas para a Europa por um tempo. Para isso, tinham recebido uma autorização excepcional do Ministério das Relações Internacionais.

Decidi arriscar e agendei uma reunião com a diretora do centro de reabilitação para expor meus planos. Era uma médica de poucas palavras, bem reservada e de quem os enfermeiros aparentavam ter medo. Um deles, com quem criei certa intimidade, revelou que ela mantinha um relacionamento amoroso com Fidel Castro. Preferi pensar que era fofoca, mas ficou claro que ela era bastante influente no governo.

Conforme se aproximava o dia da reunião, fiquei pensando em como endereçar meu pedido. Naquela semana, havíamos visitado Varadero, praia largamente explorada por turistas em busca do mar azul turquesa estampado em cartões-postais da região caribenha. Achei que daria uma bela pintura. De volta ao centro de reabilitação, recorri aos pincéis e à cartela de aquarela que estavam no fundo da mala e produzi uma paisagem inspirada na referida praia.

Dois dias depois, fui recepcionado pela diretora em sua ampla sala de reuniões. Diferentemente do que haviam descrito, ela tinha um semblante parcimonioso, mas muito afável, chegando a sorrir levemente em alguns momentos. Comecei agradecendo sua atenção e manifestando minha satisfação com o impecável atendimento que vinha recebendo. Expliquei que meu desejo era permanecer por um longo período no centro de reabilitação. No entanto, havia acabado de fundar uma escola no Brasil, cuja finalidade era promover assistência a segmentos em situação de vulnerabilidade social, que dependia da minha presença para seguir com suas atividades. Nesse sentido, para evitar que meu tratamento fosse interrompido, gostaria de solicitar ao governo cubano uma autorização para que Diego me acompanhasse no retorno ao meu país e continuasse o valioso atendimento propiciado pela equipe por ela liderada.

Por fim, perguntei se poderia conceder-me um favor especial, enviando a Fidel Castro uma pintura que eu havia feito para presenteá-lo. A médica não conteve a curiosidade e abriu a caixa que eu trazia no colo. Após observar a imagem por alguns segundos, reagiu com aprovação e garantiu que a obra chegaria ao seu destino. "*Nuestro Comandante quedará muy feliz com tu espléndido regalo, Rodrigo*", afirmou em voz alta. Abraçou-me com força e se despediu, dizendo que voltaria a se encontrar comigo em breve.

Faltava uma semana para meu retorno ao Brasil, e não tive mais notícias da diretora. Fiquei sabendo pela sua secretária que ela havia tirado alguns dias de férias e a data do retorno não estava confirmada. Eu e DePestre vínhamos conversando sobre o assunto e já estávamos nos conformando com a possibilidade de meu pedido ter sido guardado em alguma gaveta. Na véspera do meu voo, seguindo o ritual diário, acordei cedo e comecei a me arrumar para a última sessão de fisioterapia. Meu apartamento ficava no segundo andar e a janela dava vista para a portaria do centro de reabilitação. Conforme me vestia, reparei que algo diferente se passava. A cancela estava levantada e surgiam no horizonte duas motocicletas pilotadas por homens uniformizados com farda. Logo em seguida, escoltado pelos policiais, vinha um carro preto, estilo Landau, com bandeirinhas afixadas na grade frontal. Achei curioso, mas não queria me atrasar e fui ao banheiro escovar os dentes. Poucos minutos depois, notei que o telefone estava tocando, o que era estranho para aquele horário. Ao atender, ouvi uma voz feminina dizendo: "*Buenos días, sr. Rodrigo Mendes. Por favor comparecer a la recepción*".

Ao chegar, vejo três senhoras vestidas com trajes formais, acompanhadas da diretora. Na porta de entrada do prédio, noto que havia dois seguranças que não faziam parte daquele panorama em dias comuns. Ao me aproximar, uma delas estendeu a mão dizendo: "Muito prazer, sr. Mendes. Sou a secretária pessoal de nosso Comandante". Correspondi aos simpáticos cumprimentos do grupo, curioso por saber o que viria pela frente. "Fidel está em compromissos oficiais na cidade de Santiago e, infelizmente, não pôde vir pessoalmente agradecer pelo seu encantador presente. Mas viemos representá-lo para transmitir sua gratidão e dizer que é uma honra receber brasileiros em nosso país. Em retribuição, trazemos algumas lembranças enviadas pelo nosso chefe." Percebi que havia embrulhos no sofá ao seu lado. Aos poucos, fui abrindo e comentando cada um dos presentes.

Primeiro, ganhei uma interessante cerâmica regional circular, no formato de pizza. Era em tom marrom escuro, toda desenhada com símbolos que lembravam culturas indígenas. Em seguida, deram-me um livro com vários dos famosos discursos de Fidel. Durante minha estadia, pude assistir pela TV a vários desses pronunciamentos, feitos em praça pública, que duravam horas a fio. Sua capacidade de se expressar e reter a atenção da plateia era admirável. Para fechar a conta, a secretária abriu uma caixa em que havia um retrato, de proporções nada discretas, do líder cubano vestido com o clássico uniforme e exibindo sua longa barba grisalha. O pacote vinha acompanhado por um cartão de visitas em que estava impresso, em relevo, o timbre da República de Cuba e o nome: *Fidel Castro Ruz, Presidente del Consejo de Estado y del Gobierno*".

A sucessão de agrados foi interrompida pela diretora, ao explicar que minha solicitação quanto à viagem de DePestre havia sido devidamente encaminhada ao ministério responsável pelas relações internacionais de Cuba. Após conversarmos um pouco sobre os métodos fisioterapêuticos do centro, minha evolução e minhas pretensões com a escola que havia fundado no Brasil, fizemos uma foto oficial e nos despedimos. Ao chegar à porta do elevador, percebi que Diego estava no canto do corredor, à minha espera. No caminho para o ginásio, atualizei-o sobre o andamento

47

do meu pleito ao governo. As novidades nos deixaram otimistas e deram um tempero especial ao meu último dia de fisioterapia em terras caribenhas.

O voo de volta ao Brasil foi calmo e marcado por pensamentos sobre tudo o que eu havia vivido. Sem dúvida, Cuba tinha sido uma experiência sui generis. A todo tempo, me sentia em um filme preto e branco, rodado décadas atrás, numa região de festas dançantes onde a alegria era contínua. Os carros antigos e as fachadas desgastadas das casas, contrastando com famílias se divertindo nas ruas, davam um tempero a mais a esse panorama. Chamava-me muito a atenção o elevado nível educacional de todos com quem cruzei. Um dos taxistas da noite com as dançarinas, por exemplo, era formado em física. O garçom que me serviu no hotel em Varadero era veterinário. Analfabetismo e pobreza extrema praticamente não existiam.

Por outro lado, a precariedade em que o povo vivia era indisfarçável. As opções de comércio eram incipientes e os mercados estavam sempre com as prateleiras vazias. Mesmo no caro centro de reabilitação, a comida era muito simples e limitada. O país vinha adotando um modelo de dupla moeda em circulação que me parecia um insulto à população. Havia dois tipos de dólares: americanos e cubanos. Todas as transações feitas com estrangeiros eram regidas pelo primeiro, enquanto a vida dos nativos era regulada pelo segundo. O câmbio era perverso e fazia com que os salários fossem irrisórios. Lembro-me de que os médicos mais experientes ganhavam menos de cem dólares americanos por mês.

Além disso, os cubanos eram proibidos de comprar ou portar moeda estrangeira e de entrar nas *tiendas*: lojas que vendiam produtos importados criadas exclusivamente para turistas. Não eram lá grandes coisas, mas, comparadas aos estabelecimentos destinados à população local, pareciam free shops sofisticados. Essa privação de consumo, somada ao sinistro controle da imprensa e à perseguição daqueles que discordavam do regime, produzia condições de vida controversas.

Várias perguntas vinham à tona: os ganhos sociais compensavam as limitações à liberdade e ao conforto? O retorno era compatível com o preço cobrado por tantas privações? Os nobres ideais que aparentemente guiaram a Revolução Cubana haviam sido preservados?

As indagações eram estimulantes, mas faltavam poucas horas para pousar em São Paulo e o foco do meu raciocínio voltou a ser o microcosmo da minha navegação. Fazia dois anos e meio que meu leme era totalmente guiado pela palavra "fisioterapia". Sentia-me fisicamente mais resistente e fortalecido para assumir uma rotina de atividades mais diversificada. No entanto, tinha que encarar a realidade dos fatos e tudo indicava que o desejo de voltar a ser um atleta não se realizaria tão cedo.

Nesse momento, tive uma das principais tomadas de consciência de toda minha trajetória de vida. "Fiz tudo o que podia, tudo o que estava ao meu alcance. Fiz minha parte. Chegou a hora de virar a página e seguir em frente, fazendo o melhor que eu puder, mesmo com alguns dos meus remos arrancados." Apesar de não saber o que seria esse melhor, senti uma indescritível libertação, um desprendimento sem dor. A porta do avião se abriu e desembarquei da aeronave russa com a sensação de que eu cruzava o portal de entrada para uma nova etapa da minha jornada.

***

Minha reinvenção começou com a escolha de uma nova rota profissional. Já era mais do que hora de retomar os estudos e, finalmente, atender meu desejo de beber da estimulante fonte da vida universitária. Toda a espera pelo momento em que eu, recuperado, pudesse estudar medicina não fazia mais sentido. Meu antigo plano era me tornar cirurgião, o que deixou de ser um cenário factível, mesmo após o significativo fortalecimento decorrente do período em Cuba. Havia, ainda, a alternativa de seguir outros tipos de especialização, como a clínica geral ou a psiquiatria. Mas sentia que essas opções gerariam mais frustração do que prazer. Fiquei então elencando quais caminhos me motivariam.

A experiência de ter fundado uma escola e conhecido alguns dos desafios inerentes a empreender havia me despertado o interesse, até então desconhecido, pelo mundo da administração, da eficiência e da liderança à frente de uma organização. A escola seguia um satisfatório ritmo de cruzeiro propiciado pelos royalties que recebia da venda dos cartões de Natal. Mas estava claro que aquela situação de certa estabilidade era temporária e vulnerável. Minha sorte de principiante, o espírito guerreiro herdado de minha mãe e a atitude diplomática ensinada por meu pai formavam um tripé que cederia perante os fortes ventos de quem se arrisca no mar do empreendedorismo. Qualquer pretensão de levar o projeto a estágios mais ambiciosos de profissionalismo e impacto demandaria conhecimentos mais densos de gestão.

Confesso que minha visão sobre o campo da administração de empresas era bastante limitada. Ao longo dos treze anos como aluno do Porto Seguro, raramente esse tema foi abordado. Na minha classe, por exemplo, nenhum dos meus amigos mais próximos tinha a pretensão de seguir essa trilha. Direito, engenharia, medicina e odontologia eram as carreiras consideradas por aqueles trinta e poucos adolescentes que deveriam tomar uma decisão. No entanto, essa opção começou a quicar na minha frente, não só devido à curiosidade despertada pela rotina à frente da escola, mas também pelo fato de ser uma profissão que exige, basicamente, habilidades intelectuais. Conversei com alguns amigos e todas as opiniões convergiam para essa prateleira no mercado do ensino superior.

Fazia quatro anos que não tocava nos livros da época do colégio. Apesar de estar um pouco enferrujado em certas matérias que exigiam a memorização de fórmulas, decidi dar uma de treineiro e me inscrever na Fuvest. As chances eram mínimas, mas, na pior das hipóteses, valeria como aquecimento para um ano de cursinho e uma tentativa mais certeira. Na época, em 1994, era necessário comprar o manual impresso em uma banca de jornal, preencher o formulário à mão e enviá-lo pelo correio. Ao ler o tópico sobre orientações gerais, encontrei um parágrafo perdido na última página, informando que, caso o candidato precisasse de algum tipo de apoio específico para realizar a prova, deveria agendar uma reunião com o comitê da Fuvest.

Fui recebido na Cidade Universitária, onde ficava o escritório do vestibular, por três senhores austeros que me ouviram atentos. "Vamos avaliar seu caso e daremos um retorno nos próximos dias", disse um deles ao final de nossa conversa. Na semana seguinte, fui informado por telefone que o comitê havia aprovado minha participação e recebi as seguintes instruções: "Você fará exatamente a mesma prova que os demais candidatos, no mesmo intervalo de tempo, no mesmo prédio que eles, mas em uma sala reservada. Nenhum conhecido poderá ter contato com você nesse horário. Para te apoiar, vamos contratar um escriba, para quem você vai ditar as respostas, e um enfermeiro, caso precise de suporte para ir ao toalete". Ao colocar o telefone no gancho, tive a sensação de que poderia dar conta do recado, desde que aproveitasse as semanas que faltavam para tirar as teias de aranha das apostilas do cursinho e fazer a lição de casa.

Voltar a estudar me trouxe um prazer inestimável, como se eu estivesse saboreando um dos meus pratos prediletos da infância depois de muito tempo sem ter tido acesso a ele. Fiquei surpreso diante da velocidade com que relembrava os conteúdos. Bastava uma rápida lida nos textos e teorias para já memorizá-los e partir para os exercícios. A vitalidade de um jovem que esperou tanto tempo para retomar sua caminhada certamente contribuía para isso. Minha inscrição acabou se confirmando para o curso de administração de empresas. O formulário da Fuvest permitia três opções. Sem conflito, escolhi a Faculdade de Economia, Administração e Contabilidade da Universidade de São Paulo (FEA), primeira opção para o curso diurno, segunda opção para o noturno. Ao ler minha inscrição, Conrado notou a lacuna da terceira opção e sugeriu que eu a ocupasse com a Fundação Getúlio Vargas (FGV). Minhas ambições universitárias estavam tão direcionadas para a USP, e sua fama de melhor instituição de ensino superior no país, que mal havia cogitado outra faculdade. Aceitei sua recomendação com certo descaso e enviei o formulário pelo correio.

**

A rotina de um remador é constituída por um conjunto de atividades bem mais amplo do que se possa imaginar. Além das horas no barco, esse esporte requer corridas diárias de longa distância, treinos fechados em salas de musculação, sessões frequentes de alongamentos e, como prato principal desse cardápio, os nobres dias de regata. Nunca fui fã de exercícios de preparação física, mas mergulhei tão fundo na cultura milenar do remo, que acabei pegando gosto até mesmo pelas corridas na rua do Matão. Tratava-se de um trecho da Cidade Universitária em que a rua era muito íngreme e coberta por copas de árvores. Vários técnicos da raia olímpica gostavam de levar suas equipes para treinar nesse local. Ninguém saía ileso depois de ter subido correndo, até três vezes seguidas, aquela pirambeira. O prêmio de consolação era a posterior rodada de caldos de cana, muitas vezes pagos pelos técnicos.

Conforme fui ganhando a confiança da equipe do Corinthians, meu treinador, Ricardo Rosa, começou a me escalar para barcos de categorias com peso acima do meu. Em uma dessas ocasiões, fui chamado para treinar em um "quatro sem", guarnição com quatro remadores, sem timoneiro. Nesse caso, o leme fica sob o controle do quarto remador, chamado de proa. Uma engenhoca relativamente simples permite que ele dirija o rumo do barco por meio do apoio do pé, que é ligado a uma corda presa no leme. Iríamos enfrentar três outras equipes que vinham treinando desde outros carnavais. Uma delas já tinha ganhado vários títulos nessa categoria e era a favorita.

Na véspera da regata, Ricardo chamou-nos em um canto e disse: "Dessa vez, estamos ocupando a posição do bêbado". Nunca tinha ouvido essa expressão e, curioso, acompanhei a explicação da metáfora: "Quando um bêbado entra numa briga com alguém sóbrio, de certa forma, está em posição de vantagem. Se apanhar, foi resultado da embriaguez. O adversário não tem nenhum mérito. Era mais do que sua obrigação vencer. Por outro lado, se o bêbado derrubar o adversário, vira herói!".

***

Na manhã de domingo do meu primeiro dia de Fuvest, acordei mais cedo para dar uma revisada final nas fórmulas de química e física. Ao pensar que tinha ficado quatro anos afastado dos estudos e com poucas semanas para me preparar, lembrei da história do bêbado. Ninguém alimentava expectativas de que eu passasse no vestibular naquele momento. Não havia pressão sobre meus ombros.

Ao chegar no prédio da prova, fui recepcionado por um membro da equipe da Fuvest, devidamente informado sobre meu caso. Na sequência, apresentou-me meu time de apoio. O escriba era um jovem em início de carreira, que trabalhava em algum órgão da Cidade Universitária. Muito simpático, disse que nunca tinha exercido esse papel, mas se esforçaria para corresponder à altura. O enfermeiro escalado para estar à minha disposição era, na verdade, um médico recém-formado, curioso para saber detalhes do seu breve paciente.

Nessa hora, entrou uma moça sisuda portando um volume de papel. Ao anunciar que a prova iria começar, deslacrou o envelope e me entregou o maço de folhas em que estavam impressas as noventa questões de múltipla escolha. Por alguns minutos, a narrativa do bêbado perdeu seu efeito e senti a adrenalina dando seu recado. Olhei para o escriba, que estava a postos — armado com lápis, caneta, borracha e um bloco de papel —, e transmiti o comando para que começássemos. A largada da regata acabava de ser dada.

Para ganhar ritmo e dar ao meu parceiro (e a mim mesmo) confiança de que tudo correria bem, decidi começar pelos testes que não demandavam grandes habilidades manuais para estruturar cálculos ou esquemas visuais, tipicamente necessárias para questões de matemática, química e física. Estava numa velocidade razoável, até que decidi encarar as perguntas relacionadas à mecânica. Uma coisa é desenhar à mão a representação de dois objetos em rota de colisão, com as respectivas indicações de massa, direção, velocidade e distância, por exemplo. Outra coisa é ter que explicar oralmente esse tipo de representação para alguém que você acabou de conhecer, de maneira que essa pessoa consiga desenhá-la. Até seu ouvinte entender o que você quer dizer e traduzir esse conjunto de ideias abstratas para o papel, lá se foi um precioso

54

tempo que um candidato, no meio de uma maratona em contagem regressiva, definitivamente não pode desperdiçar.

Logo no segundo exercício, quando percebi que iria morrer na praia, resolvi dar uma parada para tentar estabelecer um código de comunicação um pouco mais eficiente. Meu escriba se esforçava ao máximo, mas era inegável que eu estava em situação de desvantagem naquela corrida. Era tarde demais para pleitear um tempo adicional ao comitê e só me restava acelerar o pensamento para não deixar nenhum teste sem resposta.

Os treze anos de Porto Seguro, sob a rigorosa cobrança de minha mãe por boas notas, somados à ausência de stress de alguém que não tinha nada a perder pareciam estar dando certo. Passei na primeira fase com boa folga acima da nota de corte. Era fim de dezembro e minha família havia alugado uma casa em Guaecá, onde passaríamos a virada do ano. Aproveitei ao máximo os dias na praia para devorar as apostilas do cursinho pré-vestibular e tentar aumentar minhas chances de me manter no páreo. Lembro-me de ter passado o primeiro de janeiro imerso nos estudos, enquanto meus amigos se recuperavam da ressaca.

A segunda fase foi mais indolor do que eu imaginava. Apesar de bem mais difícil, com todas as questões no formato dissertativo, ao final dos dois dias de prova saí com a sensação de ter ido bem: a sintonia com meu escriba crescia a cada minuto, e isso me ajudava.

Semanas mais tarde, foi publicada a primeira chamada de aprovados na Fuvest. Fui com meu irmão até a entrada da USP, um dos locais em que a lista era afixada em primeira mão. Ao perceber que meu nome não estava lá, Conrado disse em tom de consolo: "Ainda tem mais duas chamadas". Eu sabia que essas peneiras finais eram bem restritas, mas sempre havia alguma esperança, especialmente para quem vinha numa onda de sorte, como um centroavante novato que entra em campo ao final do segundo tempo e emplaca um gol. Saíram a segunda e a terceira listas, e nada. Era hora de assumir que eu tinha ido mais longe do que o esperado e precisaria fazer um ano de cursinho.

Estava prestes a colocar minha viola de volta no saco, quando meu irmão comentou que as listas finais da Fundação Getúlio Vargas ficavam expostas na própria faculdade. Era domingo e, como de costume, meu pai tinha ido visitar minha avó Florinda. Pedi que ele passasse na FGV para verificar se havia algum comunicado afixado na portaria do prédio. Horas mais tarde, recebo uma chamada a cobrar do seu Zé Mendes. Estava ligando de um orelhão e, em meio a muito barulho ao fundo, disse em tom bem alto: "Filho, seu nome está aqui numa folha colada na parede. Parece ser uma lista de espera. Tem cinco nomes e você é o quinto. Está escrito no pé da página que os candidatos precisam vir pessoalmente, no máximo até amanhã, para confirmar o interesse em eventuais vagas remanescentes".

Desliguei o telefone sentindo uma mistura de euforia e medo. "Será que vai sobrar alguma vaga depois de tantas fases?", pensei. No dia seguinte, às oito da manhã, lá estava eu na porta da faculdade esperando a secretaria abrir. Fui, então, informado de que havia somente duas vagas e a ordem de classificação na lista de espera funcionaria como critério de admissão. Ou seja, minha única chance seria que três dos cinco nomes da lista não aparecessem até o final do expediente, de forma a perderem o direito à matrícula. Assinei um documento declarando meu interesse e voltei para casa, torcendo para que os outros candidatos não dessem o ar da graça. Às dezoito horas, recebi um telefonema da atenciosa secretária que havia me atendido pela manhã dizendo: "Parabéns, Rodrigo. Somente um dos candidatos compareceu. A vaga é sua!".

Fui o último aluno a ser matriculado no curso de Administração de Empresas da FGV naquele ano. O prazer de ter ganhado o jogo nos acréscimos da prorrogação dava um gosto ainda mais temperado e duradouro àquela nova etapa que se iniciava.

***

Minhas impressões iniciais sobre a FGV tinham tudo para ser desestimulantes. Ao contrário do campus da USP, que é literalmente uma cidade universitária — com muitas áreas verdes, prédios amplos, um respeitável centro esportivo e, claro, a exuberante raia de remo, com seus dois quilômetros de extensão —, minha faculdade estava instalada em dois prédios geminados bem antigos, situados em um trecho nada charmoso da avenida Nove de Julho.

A paleta de cores do ambiente era carregada de cinza e a trilha sonora, composta pelo constante ruído do corredor de ônibus da avenida. Os espaços tinham importantes problemas de acessibilidade, como degraus na entrada dos banheiros e em alguns corredores. O mais grave deles era o fato de que os elevadores não paravam no primeiro andar, onde se localizavam o diretório acadêmico e o único restaurante do edifício.

Apesar dos seus quase cinquenta anos de existência, com o status de ser a melhor e mais tradicional escola de administração da América Latina, a Fundação Getúlio Vargas nunca tinha contado com um aluno cadeirante na graduação, segundo me foi dito pela equipe da secretaria. Nada disso me preocupava. A vibração por me sentir de volta aos trilhos após ter sido empurrado para fora do trem antes de alcançar meu destino era tão intensa que tudo se tornava fonte de descoberta e prazer.

O ano letivo havia se iniciado três semanas antes da minha chegada. Após resolver as questões administrativas com a secretaria e oficializar a matrícula, fui direcionado à minha turma, que estava no meio da aula de contabilidade. Posicionei-me na primeira fileira e comecei a acompanhar as explicações do professor Marcos Fittipaldi, que já havia ocupado a lousa inteira com seus rabiscos. Antes de encerrar, lembrou que haveria prova na aula seguinte e repassou os temas a serem abordados.

Fosse por segurança sobre o que estava sendo pedido ou pela pura despreocupação típica dos calouros, nenhum de meus colegas demonstrou apreensão com o recado. Achei melhor já me prevenir. Agendei uma reunião com a diretoria da faculdade para me apresentar e combinar como seriam minhas avaliações.

Dois dias depois, fui recebido pelo então diretor Alain Stempfer, junto com o coordenador pedagógico da escola. Ambos eram ex-alunos da FGV e, muito solícitos, perguntaram se havia algo que deveria ser providenciado para que eu pudesse seguir meu percurso como estudante. "Acho que vamos ter que descobrir isso juntos", respondi, já pensando na próxima aula de contabilidade e naquela lousa que parecia ter sido escrita em grego. "Por enquanto, o mais urgente é combinar com os senhores como farei minhas provas. Minha única referência é a Fuvest, que adotou uma solução bem simples e eficiente."

Os dois ouviram atentos minha explicação sobre o sistema do escriba, se entreolharam e, claramente sem ter noção do que propor diante daquela situação inédita para a instituição, responderam quase que por impulso: "Vamos, então, reproduzir esse modelo. Faremos a comunicação a seus professores e você poderá ditar diretamente para eles as respostas durante a prova".

Já estava saindo da sala, quando me lembrei do acesso ao diretório acadêmico, ambiente muito cultuado pelos alunos. "Aproveitando, eu não tenho conseguido chegar ao primeiro andar. Existe algum motivo para que os elevadores não parem lá?" Com nítida expressão de constrangimento, um deles explicou: "Isso tem a ver com a necessidade de otimizarmos o deslocamento dos usuários pelo prédio. Como você deve ter notado, temos apenas três elevadores sociais que precisam atender a centenas de pessoas que transitam diariamente pelos nossos andares. Faz décadas que a parada no primeiro andar está desativada". Após um razoável intervalo de silêncio no recinto, complementou: "Mas não se preocupe, Rodrigo. Iremos buscar uma solução".

Ao longo daquela semana, cruzei nos corredores com uma ex-colega do Porto Seguro que já estava no segundo ano da graduação. Fazia muito tempo que não nos víamos e, surpresa por me encontrar com o cabelo raspado, exclamou: "Rô, o que você está fazendo aqui?". Mostrou-se muito empolgada com a FGV e se colocou à disposição para me ajudar no que eu precisasse.

Durante o almoço, ela me deu uma aula sobre como navegar naquele novo mar em que eu havia entrado. A principal delas foi: "Descubra quem é o aluno mais estudioso da classe e peça para xerocar seu caderno. Com isso, você pode se concentrar nas aulas, sem ter que se preocupar com anotações". Por sorte, várias colegas da minha turma eram exímias organizadoras de cadernos. Transcreviam tudo o que estava na lousa ou havia sido explicado oralmente, com caligrafia impecável e diagramação à altura de designers gráficos. Muito generosas, nunca se opunham aos meus pedidos.

O sistema da Fuvest foi implementado com sucesso. Todo dia de prova, após o professor ter distribuído as folhas para a classe, eu ia para a mesa dele, sentava-me ao seu lado e ditava as respostas em ritmo moderado, de maneira que ele conseguisse me acompanhar e não tivesse dificuldade para traduzi-las em texto. Esse modelo produziria vários efeitos colaterais.

Em primeiro lugar, ao contrário de meus colegas, eu tinha a obrigação de me preparar bem para cada prova, caso não quisesse passar vergonha. Ter que ditar diretamente para o professor, na frente de toda a turma, representava uma exposição gigantesca, tanto perante o mestre quanto seus discípulos. Imagine o vexame de falar alguma bobagem ou até mesmo ficar em silêncio por não saber a resposta. Seria melhor faltar e me virar depois com as provas de reposição. Como resultado dessa disciplina de estudos imposta pelas circunstâncias, eu tirava ótimas notas e passei a integrar o quadro de honra que era afixado todo semestre no mural do sétimo andar do prédio. Tratava-se de um espaço destinado a homenagear os estudantes que tinham o melhor desempenho acadêmico do período.

Em segundo lugar, o panorama da sala de aula também sofria mutações. Em geral, os alunos se concentravam no fundão, o que propiciava mais liberdade e uma maior probabilidade de se beneficiar do conhecimento do colega vizinho, especialmente quando alguém ia despreparado para a prova. Contrariando esse histórico, nos dias de prova, os alunos se amontoavam nas primeiras fileiras, contando com a minha contribuição. Chegavam a pedir que eu falasse o mais alto que pudesse. Eu sentia que meu esforço estava atingindo ganhos de escala e atendia ao pedido com satisfação.

***

Nos anos 1970, um grupo de arquitetos de Chicago mostrava-se comprometido em dar respostas às crescentes demandas sociais que pleiteavam o acesso de todas as pessoas aos edifícios, casas e espaços públicos por eles desenhados. Havia também um desconforto quanto aos impactos visuais de certas reformas não planejadas desde o nascimento do projeto. Muitas delas eram destinadas à acessibilidade de pessoas com alguma deficiência ou baixa mobilidade. Além de onerosas, essas mudanças geravam interferências indesejadas sob o ponto de vista estético. Surgiu, então, o conceito de Desenho Universal, creditado ao arquiteto

Ron Mace. Essa abordagem baseia-se na percepção de que o design dos ambientes e dos produtos pode ser previamente pensado de forma a permitir o uso por parte do maior número possível de pessoas, sem que haja a necessidade de adaptações posteriores.

Anos mais tarde, esse movimento influenciou a área da educação. Instigadas pelo desafio de lecionar em turmas cada vez mais heterogêneas, em um ambiente pautado por expectativas de aprendizagem cada vez mais altas, as equipes pedagógicas se perguntavam como poderiam garantir acesso aos conteúdos curriculares para alunos com diferentes habilidades motoras, intelectuais e sensoriais. Esse desafio mobilizou um grupo de professores da Universidade de Harvard, liderado por David Rose, que se aproximou do universo das novas tecnologias e da neurociência e desenvolveu um modelo batizado de Desenho Universal para Aprendizagem (DUA). O objetivo era ampliar as oportunidades de desenvolvimento de cada estudante, seja qual fosse seu perfil, por meio de planejamento pedagógico contínuo e uso de mídias digitais.

Extensivas pesquisas sobre o cérebro humano haviam revelado duas importantes constatações. Em primeiro lugar, a ideia de "estudante regular", ainda muito presente no imaginário dos professores, era fantasiosa. Esse tipo de categorização é, na verdade, uma simplificação superficial que não espelha a realidade. O que existe é uma gigantesca variedade de particularidades na forma pela qual cada aluno aprende. Em segundo lugar, os estudos indicavam que a aprendizagem do ser humano ocorre por meio de um complexo processo, sistematizado com base em três redes cerebrais: uma especializada em analisar informações, ideias e conceitos; outra responsável por planejar e executar ações; e uma terceira, voltada a atribuir significado emocional aos padrões que criamos inconscientemente, na tentativa de organizar nossas relações com o mundo exterior. Curioso notar que as atividades dessas redes dialogam com os três pré-requisitos para a aprendizagem descritos pelo psicólogo russo Lev Vygotsky, grande influenciador da educação contemporânea. Traduzindo em miúdos, o DUA propõe que os professores diversifiquem os formatos dos materiais didáticos, suas estratégias pedagógicas e as inter-relações entre o conteúdo e a vida cotidiana do aluno.

Fui recebido por David Rose em 2019, logo após eu ter dado uma palestra na Harvard Graduate School of Education. A simplicidade com que explicava ideias sofisticadas e sua generosidade para projetos de cooperação com outros especialistas me saltaram aos olhos logo que começamos a conversar. Durante um prazeroso almoço, pude degustar as histórias de David sobre sua longa carreira como professor, sua aproximação com o campo da educação inclusiva e suas relevantes contribuições para a participação de crianças com deficiência em escolas comuns.

Ao me despedir, não pude deixar de pensar no quanto a acessibilidade dos espaços nos afeta diariamente, e na curiosa conexão que essa área do conhecimento estabeleceu com a forma como as aulas são atualmente planejadas em várias partes do mundo.

***

No caso da FGV, os prédios eram bastante antigos e, claramente, não haviam sido concebidos a partir do Desenho Universal. Na época de sua construção, mal existiam leis que exigissem o cumprimento de normas básicas relacionadas à acessibilidade. Em vez de encarar isso com irritação, preferi entender que eu tinha um importante papel de conscientização a ser exercido. Minha presença pelos andares da faculdade, por si só, já era um disparador de reflexões sobre aprimoramentos que precisavam ser feitos naquele espaço. A escola chegou a contratar um escritório de arquitetura especializado em planejar esse tipo de solução. Os prédios já vinham passando por um intenso processo de modernização e, aos poucos, foram refletindo os padrões contemporâneos da construção civil.

O caso dos elevadores ilustrava bem essa evolução. Algum tempo depois da minha primeira reunião com a diretoria, os equipamentos foram reprogramados e o botão de acionamento do primeiro andar voltou a acender. Tinha ficado intrigado com a explicação de que tantos anos de acesso restrito a escadas se justificavam por uma busca de eficiência no tráfego desses meios de locomoção. Muito tempo depois, ouvi de um professor que a decisão de restringir a parada no andar do diretório acadêmico tinha motivações reputacionais. Como em tantos outros ambientes universitários, o uso de ervas psicotrópicas era bastante comum e produzia um cheiro inconfundível que se espalhava por todo o ambiente, inclusive no hall dos elevadores. A FGV recebia rotineiramente a visita de lideranças e autoridades de várias partes do mundo. A tal fumaça obviamente não condizia com essa estatura institucional.

Independentemente da veracidade dessa duvidosa versão dos fatos, a diretoria compreendeu que a inacessibilidade era, acima de tudo, incompatível com sua imagem e fez a lição de casa.

***

No segundo ano da graduação, surgiu uma oportunidade sob medida para o momento que eu vivia. A Federação Nacional dos Estudantes de Administração (Fenead) lançara um prêmio destinado a contribuir para o aprimoramento do trabalho de organizações sociais que apresentassem potencial de gerar impactos relevantes em suas áreas de atuação. O público-alvo eram estudantes interessados em colaborar com o terceiro setor brasileiro. Para participar, deveriam identificar uma iniciativa nesse campo que demonstrasse potencial, elaborar um diagnóstico sobre sua situação e preparar ações que levassem a instituição a um nível mais alto de profissionalização e eficiência.

***

Desde o início da faculdade, minha escola de artes havia passado por uma importante mudança. O curso na FGV era em período integral, o que inviabilizava minha continuidade como gestor. Minha mãe, grande incentivadora da escola, acabara de se aposentar e tinha um perfil bastante adequado para assumir meu lugar. Trabalhou por trinta anos como educadora e, posteriormente, como diretora na rede municipal de São Paulo. Sem que eu precisasse pedir, ela se prontificou a assumir minha função como voluntária. Graças a ela, o empreendimento seguiu em frente e eu passei a atuar como presidente do conselho.

O prêmio representava uma valiosa chance de dar novos passos com o trabalho da escola, sem precisar desviar meu foco da FGV. Na verdade, ele me possibilitaria sair da bolha na torre de marfim e colocar em prática as teorias que estudávamos na faculdade, tendo como laboratório de experimentação uma "microempresa" que eu conhecia como ninguém. Outra vantagem era que eu tinha total liberdade para testar qualquer ideia, sem precisar passar pela aprovação de muitos níveis hierárquicos.

Lembro-me de uma aula sobre motivação no ambiente de trabalho em que estudamos o caso de uma empresa sueca considerada referência nesse quesito. Uma das políticas apontadas como fator-chave para o diferenciado engajamento de seus colaboradores era a total transparência e horizontalidade nos processos de tomada de decisão. Mesmo assuntos mais sensíveis, como remuneração, eram discutidos abertamente em reuniões das quais participavam representantes de todos os níveis hierárquicos. Esse ambiente de escuta promovia um fortalecimento do vínculo entre os empregados e a empresa, elevando consideravelmente a motivação das equipes.

Não tive dúvidas. Na semana seguinte, introduzi uma nova rotina na escola. Toda segunda-feira, no final da tarde, passamos a realizar uma reunião envolvendo todos os colaboradores: professores, equipe do administrativo-financeiro, suporte operacional, a coordenadora pedagógica, a diretora e o fundador. A pauta envolvia todos os tipos de assunto, desde questões mais estratégicas de planejamento, até aspectos corriqueiros, como a manutenção do jardim. O tiro saiu pela culatra e, após três meses, precisei abandonar a "assembleia" semanal, dado o volume de ruídos que estava gerando. Lembro-me da coordenadora dizendo: "Não faz sentido envolvermos todos em tantos assuntos. Muitos ali não têm nível intelectual para participar". Precisei demiti-la após ela ter revelado tamanha intolerância com a diversidade existente no grupo. Ficou claro que não era nada trivial implementar o modelo sueco. Mesmo que eu tivesse planejado melhor e me respaldado em uma pesquisa mais sólida sobre o tema, senti que o sucesso desse tipo de gestão pressupõe elevado nível de maturidade profissional da tripulação, requisito que não condizia com nossa realidade, a começar pelo próprio comandante do navio.

***

Convidei cinco colegas da faculdade — Fred, Papa, Marcelo, Kanashiro e Karina — e o professor de finanças David Hastings para criarmos um projeto e inscrevê-lo no concurso. Seguindo os moldes de consultoria empresarial, começamos pela construção de um diagnóstico da escola, fazendo as clássicas análises de cinco forças (clientes, fornecedores, concorrentes, novos entrantes e substitutos) e SWOT (forças, fraquezas, oportunidades e ameaças). Isso envolvia uma rodada de entrevistas com a equipe da escola, especialistas em arte, educação, terceiro setor e empreendedorismo. O trabalho era infinitamente mais atraente e divertido do que os exercícios de solução de casos dados em sala de aula. Anos mais tarde, eu iria encontrar no pensamento de John Dewey uma boa tradução para o que vivíamos: "Dê aos alunos algo para fazer, não algo para aprender; e o ato de fazer é como o incentivo por pensar; a aprendizagem resulta naturalmente".* Certos ditados populares também expressam essa constatação.

Concluímos que a escola se destacava pela qualidade de seus serviços e por sua diferenciação perante organizações similares. Ao mesmo tempo, percebemos que o mercado de pessoas com algum tipo de deficiência em busca de oportunidades de desenvolvimento era gigantesco e muito mal atendido. Quanto a pontos fracos, salientamos a insuficiência da estrutura administrativa, o alto custo por aluno e a inexistência de reservas financeiras. Nosso projeto propunha uma série de ações para potencializar as forças percebidas e, ao mesmo tempo, sanar as fragilidades da escola. Introduzir uma área de desenvolvimento institucional, adotar a prática de orçamentação anual e explorar estratégias de marketing eram alguns dos seus pilares.

Pessoalmente, a proposta que mais me estimulava era a ampliação dos contratos de licenciamento. A escola já existia havia

---

* John Dewey, *Democracia e educação: Capítulos essenciais*. São Paulo: Ática, 2007.

quatro anos e sua principal fonte de receita continuavam sendo os royalties que recebíamos de uma empresa como pagamento pelo uso de nossas pinturas em cartões de Natal. Essa era uma estratégia muito comum no setor social brasileiro. Organizações tradicionais e muito respeitadas, como o Unicef e a Associação de Assistência à Criança Deficiente (AACD), tinham unidades de negócio especialmente dedicadas à comercialização desse tipo de produto, com amplas equipes de telemarketing e venda por correio. Nossas análises indicavam que havia muito macaco nesse galho. Por outro lado, fazia tempo que eu percebia a escassez, no Brasil, de produtos concebidos a partir do conceito de "marketing relacionado a causas" — nome dado a ações comerciais que exploram positivamente uma causa e geram ganhos, tanto para a empresa investidora, quanto para o referido tema socioambiental. Inúmeras vezes, entrei em papelarias e livrarias para perguntar se vendiam artigos que beneficiassem uma instituição social e as evidências indicavam que existia muita oportunidade a ser explorada. Durante o período de redação do projeto, várias vezes tentei vender aos meus colegas a ideia de que emplacaríamos com um caderno universitário, fabricado por uma grande empresa, cuja capa fosse estampada com uma obra de arte e assinada com o nosso logotipo.

As regras do prêmio permitiam que anexássemos ao projeto audiovisuais que ilustrassem melhor a organização a ser favorecida. Conversei com nosso conselheiro Ferrentine e ele conseguiu o apoio de uma produtora ligada à TV Globo para gerar um vídeo institucional sobre nossa escola. Já estávamos próximos do prazo de inscrição e a única opção oferecida para a gravação era o sábado seguinte, à noite. Fui para os estúdios carregando todo o nosso acervo de participações em programas de TV, sabendo que a decupagem de imagens e a edição levariam algumas horas.

A produtora estava operando a todo vapor naquele final de semana e restou-nos a ilha de edição mais antiga, que era analógica e utilizava rolos. Isso exigia que transferíssemos todo o acervo para os rolos, o que por si só consumiu um bom tempo. Para completar, Amon, piloto da ilha, era muito competente e rigoroso quanto à qualidade dos filmes que produzia. A maratona terminou às onze horas da manhã do domingo. Foram quinze horas ininterruptas de trabalho, do qual fiz questão de participar, minuto a minuto. A conta veio quando cheguei em casa, exausto, e me deitei, ainda com trechos do vídeo se repetindo na minha cabeça. Minha musculatura das pernas começou a tremer, sinalizando o estado de estafa. Meu último pensamento antes de apagar foi: "Se esforço físico fosse um critério, esse prêmio era nosso".

Duas semanas mais tarde, recebemos a notícia de que nosso projeto era um dos três vencedores do prêmio Fenead. A cerimônia de entrega contou com o auditório da FGV lotado, já em clima de festas no final de ano. Ao subir ao palco, acompanhado dos meus cinco mosqueteiros e do professor David, recebi um cheque gigante, do tamanho de uma prancha de surfe, no valor de 20 mil reais. Dentre as autoridades e lideranças presentes, chamou-me a atenção um empresário de Campinas, Luis Norberto Pascoal, que fez um dos discursos mais marcantes e provocativos da noite. Tive o pressentimento de que nossos rios iriam se cruzar. Desci do palco tomado por uma sensação de que tinha me aproximado do meu melhor. A regata havia terminado e eu poderia beber um pouco daquele néctar oferecido aos remadores que chegam inteiros ao final da prova. Olhei para os meus pais, sentados na primeira fileira, fiz um sinal de agradecimento e fui celebrar com os amigos.

***

O cronograma do projeto que criamos para a escola de artes ia de fevereiro a setembro. Convidei Fred, Papa e Kanashiro para participarem da implementação. Na FGV, estávamos indo para o quinto semestre da graduação e a realização de um estágio supervisionado era obrigatória para a conclusão do curso. O orçamento que havíamos estimado considerava a contratação de um time de estagiários, que seriam remunerados segundo parâmetros do setor privado.

Nosso maior desafio era garimpar novas fontes de receita nesse curto espaço de tempo. Insisti que deveríamos focar na estratégia de replicar um modelo dos cartões de Natal para outros segmentos do mercado. Tinha a intuição de que produtos de papelaria funcionariam bem. A começar por cadernos universitários. Selecionei algumas imagens do acervo de pintura da escola e busquei uma gráfica para produzir um protótipo que pudéssemos apresentar em reuniões de venda. Pesquisamos quais eram as empresas líderes do segmento e fomos atrás dos contatos dos respectivos diretores de marketing. Ter recebido recentemente um prêmio e estar ligado à Fundação Getúlio Vargas facilitou bastante o processo e, mais rápido do que imaginávamos, conseguimos agendar reuniões com três fabricantes que tinham participação significativa nesse nicho. As primeiras duas acabaram não rodando muito bem, em parte porque as empresas não tinham um histórico sólido no campo de licenciamentos, em parte porque nós não tínhamos traquejo com reuniões comerciais.

A terceira reunião seria com a Tilibra, líder disparada no mercado de papelaria. A sede da companhia ficava em Bauru, interior de São Paulo, a cerca de 320 quilômetros da capital. Para nossa surpresa, seríamos recebidos pelo presidente em pessoa. O encontro havia sido agendado para as onze horas da manhã. Como parte de nossa inexperiência, em vez de viajar na véspera e garantir que chegaríamos pontualmente, achamos que bastava acordar mais cedo e tudo correria bem. Às seis horas da manhã daquela terça-feira, estacionei na garagem do prédio de Fred, que já me esperava dentro de seu Santana Quantum. Quinze minutos depois, já estávamos na rodovia Castello Branco, rumo ao oeste paulista. Chovia aos canivetes e não tínhamos como otimizar a velocidade. Para complicar ainda mais, um trecho da estrada estava interditado para obras, o que obrigava os veículos a trafegar por uma só faixa. A única imagem que me vinha à mente era a do presidente da maior fabricante de cadernos da América Latina sentado sozinho na sua mesa, olhando para o relógio e se perguntando se éramos mesmo pessoas sérias.

Chegamos na recepção do prédio faltando três minutos para o horário combinado — e alguns quilos mais magros em virtude da tensão pelo risco de atraso. Fomos, então, encaminhados para uma sala que funcionava como showroom, na qual ficavam expostas todas as linhas de produtos da Tilibra. O mostruário era imponente, com cadernos, cadernetas, agendas, pastas, blocos de papel e mais uma infinidade de artigos para todos os gostos. Meus olhos logo foram capturados pela prateleira de itens com a marca Disney, a principal licenciada naquela época. As capas atraíam pela intensidade das cores, pelo bom gosto do design gráfico e, talvez, pela memória afetiva que despertavam. Após fazer um giro de 360 graus, confirmei a inexistência de uma linha de cadernos com obras de arte nas capas. Fiz um sinal positivo a Fred e ouvi a porta da sala se abrindo. Chegava o presidente, Luís Antônio Carvalho, acompanhado de um profissional do marketing.

Muito educado, nos cumprimentou e iniciou a conversa dizendo que gostava muito da FGV. Além dele, vários outros familiares tinham também estudado na escola e guardavam boas lembranças daquele período. Fez um gesto para que nos sentássemos e disse: "Parabéns pelo prêmio. Acho muito positivo esse tipo de iniciativa. Estimula bastante os alunos. De que forma a Tilibra pode ajudá-los?". Como combinamos, Fred tirou o protótipo da mochila e o colocou na mesa, enquanto eu começava a explicação de nossos planos. O presidente ouvia com atenção, fazendo perguntas sucintas e pertinentes, como: qual era o tamanho do nosso acervo de artes, qual professor iria nos supervisionar e que outras organizações já estavam envolvidas com o projeto. A reunião fluiu melhor do que a encomenda, e nos despedimos otimistas, apesar da forma cautelosa com que Luís Antônio se referia a um eventual interesse da empresa pela proposta. Disse que conversaria com os diretores e um deles nos procuraria nas semanas seguintes.

Três meses mais tarde, assinávamos com a empresa um contrato de licenciamento para a comercialização de cadernos universitários assinados com a marca de nossa escola, que passou a assumir a identidade de Associação Rodrigo Mendes. O acordo especificava que receberíamos 5% do faturamento líquido gerado pela coleção. Seu lançamento ocorreu durante a Escolar, principal feira do segmento de papelaria no Brasil. Ao chegarmos ao stand da Tilibra, no centro do pavilhão de convenções, fomos recebidos por Luís Antônio e toda a diretoria, que gentilmente nos guiaram pelas inúmeras prateleiras, dentre as quais estavam expostos três cadernos, muito coloridos, estampados com pinturas produzidas por nossos alunos. Selávamos, naquele momento, uma relação de parceria de duração longeva e que me traria grandes amizades.

***

Fiquei muito próximo da família Coube, fundadora da companhia, e passei a visitá-los com frequência em Bauru. Todos eram bastante acolhedores e caprichavam quando me recebiam em suas casas. Os irmãos Caio, Vinícius e Rodrigo me levaram para assistir a vários jogos do time de basquete da cidade no Panela de Pressão, ginásio onde foram revelados vários atletas que entrariam para a história do esporte brasileiro. Aprendi com eles a importância das estatísticas de arremessos, faltas e substituições em cada tempo do jogo. Eram fanáticos e acompanhavam em detalhes uma planilha que ia sendo preenchida no decorrer da partida. Vinícius fazia questão de me trazer a prancheta com os dados, que chegava com pingos de suor, provocados por aquela estufa de temperatura saariana.

Pude também provar a receita local do bauru — sanduíche que se tornou tradicional no país — e aprender que, curiosamente, não havia sido criado naquelas redondezas, mas na capital paulista. Consta que nos anos 1930, um aluno do curso de direito da USP, com o apelido de Bauru, estava com pressa para iniciar um duelo de sinuca e pediu para o chapeiro agilizar um lanche com pão francês sem miolo, queijo derretido, rosbife e tomate. Um colega faminto pediu para experimentar um pedaço, e emendou: "Delícia. Me vê um igual ao do Bauru". A combinação não só foi incorporada, como virou o carro-chefe do estabelecimento.

Peguei carinho pela cidade, pela Tilibra e, acima de tudo, por seus fundadores. Acabei estabelecendo uma relação de muita afinidade e admiração com Vinícius Coube, um dos líderes da nova geração, que se destacava por seu carisma, capacidade de articulação, bom humor e muitas outras qualidades que eu observava com atenção. Trocávamos sugestões de leitura com frequência e, sempre que estávamos juntos, tínhamos longas conversas sobre temas nada corporativos, como dilemas da existência, contemplação desapressada e espiritualidade.

Lembro-me da satisfação com que me apresentou sua casa, logo após tê-la inaugurado. Era um sobrado longilíneo, em arquitetura moderna, situado em um bairro residencial muito calmo e arborizado. Durante nosso tour pelo imóvel, Vinícius fez questão de destacar o que considerava um dos principais diferenciais da construção: o acesso ao andar superior se dava por meio de uma larga e suave rampa, integrada à sala. "Fiz questão de que o projeto oferecesse essa opção para que as pessoas não dependessem de escadas. Acho bem mais bonito e agradável." Aproveitei a deixa para comentar que ele, intuitivamente, tinha explorado o conceito de Desenho Universal. "Olha só. Quem diria. Mas na verdade, eu projetei pensando em você, capitão Rodrigo", respondeu sorrindo, enquanto subíamos a rampa que, de fato, propiciava uma vista de toda a sala até a área do jardim, aos fundos.

Acompanhei seu casamento com Fabiana e o nascimento do lindo casal João Inácio e Catarina. Vinícius nos deixou bem mais cedo do que gostaríamos, em virtude de um câncer, aos 52 anos. Mas segue vivo em minhas memórias como alguém que grifou minha carta de navegação.

***

Nosso caderno universitário teve um ótimo desempenho de vendas e se manteve em linha durante mais de vinte anos. A cada ciclo, a empresa selecionava novas imagens e buscava desenvolver ações promocionais para alavancar os resultados. Além da diferenciação promovida pelo uso de obras de arte nas capas, ao longo do tempo fomos introduzindo outros elementos inusitados, como uma página interna com textos informativos sobre educação e inclusão — do tipo "fique por dentro" — e um cupom destacável, convidando o usuário a se tornar um doador da Associação Rodrigo Mendes. No terceiro ano, pensei que poderíamos ampliar os impactos que o produto gerava e decidi destinar um percentual dos royalties aos alunos, autores das capas. Além de representar uma ação concreta de geração de renda, minha intenção era propiciar a eles a satisfação de receber recursos financeiros como resultado de seus esforços pessoais.

A ideia foi aprovada pelo Conselho da Associação e implementada no ano seguinte. Um dos efeitos mais tangíveis se apresentava na autoestima dos autores. Segundo relatos de suas famílias, muitos tiveram sua própria autoimagem fortalecida, diante do reconhecimento de seu potencial como pintores. Amigos, parentes e vizinhos, muitas vezes contaminados por visões de piedade e assistencialismo, passaram a encará-los com outros olhos. A diversidade de perfis era vasta. Alunos com paralisia cerebral, deficiência intelectual, transtornos psiquiátricos — exemplos de especificidades que enfrentam preconceitos sociais agudos — traziam histórias emblemáticas.

Nossa parceria com a Tilibra nos trouxe um segundo prêmio, dado pela Ashoka a iniciativas inovadoras de captação de recursos no setor das organizações sociais. Mais importante que isso, serviu como modelo para a expansão de nosso portfólio de licenciamentos. Eu continuava motivado pela constatação de que o segmento de marketing relacionado a causas representava um mar de oportunidades no Brasil, e sondava novos nichos. Nos anos seguintes, fechamos contratos semelhantes com outras marcas líderes em seus mercados, como Bauducco, Artex, Kopenhagen e Pão de Açúcar. Toalhas de banho, jogos de lençóis, canecas, xícaras, fichários, embalagens de biscoitos e chocolates eram exemplos de artigos que se tornaram veículos dos nossos licenciamentos.

Os cadernos renderam ainda uma "pesquisa de mercado" que pratiquei por alguns anos e, inesperadamente, gerou experiências hilárias. Sempre que passeava por um shopping, entrava na principal papelaria, me aproximava de um vendedor e perguntava:

"Vocês têm a coleção de cadernos Rodrigo Mendes, da Tilibra?". Caso a resposta fosse negativa, eu comentava: "Deviam incluir na loja. Uso muito esse produto e não gostaria de precisar procurar em outro lugar". Caso fosse positiva, dava sequência com: "Por acaso, sabe dizer quem é Rodrigo Mendes?". Aí é que a história começava a ficar mesmo interessante. As respostas eram comprovadoras da criatividade e do jogo de cintura pelos quais o povo brasileiro é frequentemente caracterizado. "Rodrigo Mendes foi um senhor, um benemerente muito importante, que morreu há anos e dedicou a vida a ajudar as crianças do nosso país!" — na época, eu tinha 26 anos — "Não conhece? É sobrinho do Chico, lá da Amazônia. Aquele que morreu tentando proteger a floresta!" "Acho que foi um pintor famoso. Veja como as capas dos seus cadernos são bonitas. Sugiro levar a coleção inteira!" Essas são apenas algumas das muitas pérolas que ouvi.

***

No começo de 1998, surgiu-me a oportunidade de participar de um programa desenvolvido havia anos entre a FGV e a Universidade do Texas. Por meio dele, estudantes da graduação poderiam passar o mês de julho cursando algumas disciplinas nos Estados Unidos. Meu irmão estava no último ano de direito e topou me acompanhar, tendo em vista que o período coincidia com a entressafra de estágios dele. Era o ano da Copa do Mundo na França. A seleção brasileira, que havia se consagrado tetracampeã mundial na edição anterior do torneio, tinha acabado de avançar para as oitavas de final, quando pousei em Austin, acompanhado de um grupo de cinquenta alunos da FGV, meu assistente Adauto e Conrado. Ao sair do portão de desembarque e entrar no saguão do aeroporto, li no beiral do teto: "Bem-vindos à capital da música".

Eu sabia que a cidade oferecia uma programação musical intensa, com recheada agenda de shows todas as noites. Mas não imaginava que chegava a tanto. No caminho para o hotel, fui pego de surpresa pela beleza do lugar. Em virtude da minha ignorância e, talvez, dos filmes de faroeste a que assistíamos quando crianças na TV Record — com o Texas como cenário —, imaginava que Austin tivesse uma paisagem árida, marrom, sol a pino, cactos e corvos na beira das estradas. Com exceção do calor contínuo, a realidade se mostrava a antítese desse estereótipo. Ruas arborizadas, gramados à beira das calçadas e casas cercadas por jardins impecáveis produziam um visual predominantemente verde. Até mesmo as rodovias tinham uma moldura puxada para essa cromia.

Conforme nosso ônibus estacionava na frente do hotel em que nos hospedaríamos, o Towers, notei que um jovem loiro, de baixa estatura e pele bem clara nos observava em pé, na entrada do prédio, com os braços cruzados. Vestia uma camiseta polo branca, bermuda cáqui e tênis de corrida. Assim que o barulho de ar comprimido, típico de parada de ônibus, soou pelo quarteirão, veio correndo até a porta para nos receber e oferecer suporte no desembarque. Andrew era o gerente-geral. Excepcionalmente solícito e ágil, desde o início tornou-se personagem-chave de minha empreitada no Texas. Durante o check-in do grupo, aproximou-se de mim dizendo que já havia feito uma verificação dos quesitos de acessibilidade do prédio, mas que gostaria de me acompanhar pelos diferentes ambientes para fazermos uma vistoria mais qualificada.

Enquanto circulávamos, fazia perguntas clássicas sobre o Brasil, minha cidade natal, nosso idioma, entre outras. Sem nunca perder de vista o objetivo do passeio, dava explicações sobre as áreas comuns do prédio, rotas de acesso e regras da casa. Ao nos aproximarmos da porta que dava acesso à piscina, nossos olhares pararam num mesmo ponto por alguns segundos, quando reparamos numa larga escada, com dois degraus. Imediatamente, seu rosto ficou vermelho. Na tentativa de aliviar o constrangimento, eu disse: "Fique tranquilo. São poucos degraus e consigo descer com a cadeira de rodas empinada". Sem dar muita bola para meu comentário, sacou um walkie-talkie da cintura e começou a dar instruções à sua equipe. "Me desculpe pela falha, Rodrigo. Vamos resolver isso o mais rápido possível."

Na melhor das hipóteses, imaginei que na semana seguinte haveria algum tipo de improviso para solucionar o único ponto de inacessibilidade do imóvel. Apesar de baixa, a escada era bem vistosa e pedia um serviço com acabamento que não comprometesse o padrão visual do Towers. No dia seguinte, logo após o café da manhã, atravessei o saguão para me encontrar com alguns amigos que estavam matutando qual seria o melhor local para assistirmos ao jogo seguinte do Brasil. Durante o trajeto, ao olhar na direção da piscina, vi Andrew sinalizando de longe para que eu me aproximasse. Orgulhoso, abriu a porta de vidro e me mostrou uma rampa, que cobria de fora a fora a área da escada. O acabamento era tão bom que dificilmente algum desavisado diria que se tratava de uma adaptação.

Essa foi uma das várias ocasiões em que a eficiência de Andrew ficava escancarada. Em virtude da baixa estatura e do cacoete de dar ordens à sua equipe pelo walkie-talkie, após criarmos certa intimidade, passei a chamá-lo de *Napoleon*. Ele parecia entender o elogio embutido na brincadeira e sempre reagia com um riso de garoto. Estabelecemos o hábito de conversar nos finais de tarde e, ao longo daquelas semanas, construímos uma amizade que representou um dos presentes de Austin.

***

Aos poucos fui me inteirando da história e dos ícones texanos. Um dos mais recentes era Michael Dell. Nascido em 1965, havia se tornado uma espécie de menino-prodígio e um inovador no mercado de microcomputadores. Interessado pelas máquinas e por programação desde adolescente, adorava customizar computadores para amigos, o que lhe rendia alguns dólares e mais conhecimento. Na hora de ingressar no ensino superior, por pressões familiares acabou iniciando o curso de medicina na Universidade do Texas. Morava em um dos alojamentos da universidade e, enquanto seguia seus estudos, continuou a se concentrar no universo dos hardwares. Com apenas dezenove anos, decidiu largar a faculdade e abrir sua própria empresa de informática.

Sua coragem para empreender tão cedo era alimentada pela clara percepção de oportunidade no mercado: os consumidores buscavam computadores que fossem fabricados de acordo com sua necessidade particular. Nesse sentido, posicionou sua empresa em um campo diferente do que fizeram seus maiores concorrentes: entendeu que poderia, sem grande impacto de custo na operação, montar máquinas customizadas, que atendessem a diferentes necessidades. Possibilitar que um arquiteto, um programador, um videomaker ou qualquer outro perfil específico pudesse personalizar sua máquina no momento de encomendá-la era o mote que o guiava. Michael obteve resultados impressionantes, sem ter entrado na guerra tecnológica que mobilizou outros gigantes, como Apple e IBM. Hoje, a Dell é uma das maiores empresas de tecnologia do mundo.

Logo após uma de suas visitas ao meu apartamento no Towers, Andrew pediu que eu o acompanhasse para me mostrar uma curiosidade. Fui seguindo-o até o final do corredor, no sentido oposto ao do hall de elevadores. Ao chegarmos em uma das últimas portas, parou e apontou para uma placa afixada na parede, com letras douradas que diziam: "Aqui viveu Michael Dell".

***

Fui contratado pela Andersen Consulting dois meses após meu retorno de Austin. Os processos seletivos de empresas de consultoria tinham fama de ser bastante exigentes quanto ao raciocínio lógico. Decidi comprar um livro do Graduate Management Admission Test (GMAT), referência básica nesse tipo de prova, e fazer a lição de casa.

Meu tempo passou a ser dividido entre o último semestre da FGV e o estágio. O porte global da empresa impressionava mesmo quem não era marinheiro de primeira viagem no mundo das corporações. Instalações modernas, processos e rotinas hiperestruturados, conversas pautadas em objetividade e resultado eram alguns dos atributos que saltavam aos meus olhos curiosos. Observava cada detalhe, ávido para aprender ao máximo. Grandes companhias são, por si sós, ótimas fontes de aprendizagem em gestão, tendo em vista que dependem, em algum grau, de racionalidade e ferramentas para seguir operando. No caso das consultorias, o "supermercado de informação" era ainda mais vasto, levando em conta que elas existem justamente para levar inovação e soluções aos maiores players do setor privado.

Fiquei fascinado quando acessei pela primeira vez o Knowledge Exchange (KX), espécie de intranet global da Andersen Consulting em que eram armazenados documentos referentes a projetos das mais diferentes indústrias, desenvolvidos pela consultoria em várias regiões do mundo. Caso, por exemplo, um cliente do setor de transmissão de energia elétrica nos contratasse para aumentar sua eficiência na cadeia de suprimentos, podíamos buscar referências no KX, e já dispor de exemplos concretos, antes mesmo de darmos a largada oficial no trabalho.

Sob outro ponto de vista, toda a conceituação sobre cultura organizacional elaborada por acadêmicos de prestígio no campo da gestão estava implícita em cada detalhe daquela estrutura faraônica, com escritórios espalhados pelas principais capitais do mundo. Nesse sentido, nossas projeções em relação ao poder e à segurança propiciadas pela grande empresa — assim como o reflexo das crenças e valores da corporação nos seus artefatos físicos — eram observáveis para quem usasse as lentes de um pesquisador. Até mesmo os trejeitos comportamentais de seus colaboradores eram influenciados pela forte cultura organizacional. Após alguns meses de imersão naquele ambiente, ninguém saía ileso quanto ao uso de jargões específicos do universo das empresas, normalmente representados por expressões da língua inglesa.

***

Em 1952, a força aérea americana enfrentava um grave problema. Tinham acabado de lançar uma nova geração de caças, mas seu desempenho estava sendo inferior ao da frota antiga. Chegaram a culpar os pilotos, a tecnologia dos voos e os instrutores, até perceberem que o problema estava no design da cabine. Mesmo não sendo engenheiros, podemos imaginar que o desempenho de um caça, que lida com uma precisão milimétrica em suas manobras, depende diretamente de um encaixe perfeito do piloto no cockpit da aeronave. Em outras palavras, não adianta nada ter a melhor tecnologia do mundo se o piloto não conseguir alcançar com facilidade as dezenas de comandos que estão espalhados ao seu redor.

Isso representava um grande desafio, já que os pilotos tinham corpos e medidas muito diferentes. A pergunta, então, era: como projetar um cockpit que funcionasse para todos os pilotos? Por muito tempo, os parâmetros adotados pelos fabricantes de aeronaves eram baseados na média das medidas dos aviadores. Ou seja, a média da altura, da largura dos ombros, da cintura, e assim por diante. Para desvendar o mistério da queda no desempenho que vinha sendo percebida, eles contrataram um pesquisador que decidiu estudar uma amostra de 4 mil pilotos, apurando dez medidas de cada um deles. Depois disso, o pesquisador verificou quantos pilotos tinham o valor médio de cada medida. O resultado da apuração foi zero. Nenhum dos 4 mil pilotos apresentava, simultaneamente, a média de todas as medidas. Sua pesquisa revelou que cada piloto tinha um perfil único, singular. O que significava que, ao projetar um cockpit para o "piloto médio", a força aérea estava projetando um cockpit que não era ideal para ninguém.

Para solucionar o problema, decidiram abandonar a lógica da média e passaram a exigir que as empresas fabricantes dos aviões utilizassem um design projetado para os extremos. Em vez de pensar em uma cabine ideal para um piloto de altura mediana, por exemplo, deveriam pensar em algo adequado tanto para o piloto mais alto quanto para o mais baixo. E assim por diante, considerando cada uma das medidas que compunham a especificação técnica. A primeira reação dos fabricantes foi dizer que era impossível produzir uma cabine flexível, regulável para cada medida de piloto. Alegavam que isso geraria um custo inviável para cada nave. No entanto, bastou as empresas perceberem que perderiam o governo americano do seu portfólio de clientes para começarem a dizer que era, sim possível, e que o custo não seria tão alto quanto imaginavam.

Foi nessa época que surgiram soluções, hoje aparentemente simples, como os assentos com regulagem de inclinação, altura e distância do painel. Cintos ajustáveis são outro exemplo das inovações decorrentes da exigência de uma cabine flexível. O resultado foi que a força aérea não só melhorou a performance de seus caças, como também ampliou largamente a diversidade de perfis de pilotos que passaram a ser aceitos nos processos de seleção. Sabe-se, hoje, que muitos dos melhores profissionais em atividade jamais teriam se adaptado a um cockpit desenhado para a média.

Ouvi essa história durante uma conversa com dois cineastas, em Nova York. Ela ajuda a explicar um dos principais entraves para a inclusão de pessoas que destoam do padrão predominante. Ainda muito influenciadas pelos primórdios da era industrial, as organizações que fazem parte da vida em sociedade foram concebidas com base em um modelo voltado para a pessoa considerada "normal". Normal no sentido do perfil estatisticamente mais comum. Isso fica muito nítido nas escolas, por exemplo. Quando uma criança não corresponde a determinados parâmetros de velocidade, sequência e profundidade na aprendizagem, é discriminada e vai sendo deixada de lado. Raramente os alunos desfrutam das mesmas oportunidades e do mesmo reconhecimento. Esse modus operandi acaba sendo replicado nas outras esferas sociais, e é também observado nas empresas, instituições culturais, órgãos públicos, e assim por diante.

***

O primeiro projeto de consultoria em que fui alocado já estava em andamento havia algum tempo. Tratava-se da implementação de um Enterprise Resource Planning (ERP) — sistema de gestão que integra as diversas áreas de uma empresa. O cliente era a Sadia, gigante do mercado de alimentos, que precisava com urgência otimizar e conectar seus processos de compras, produção, contabilidade, controladoria, entre outros. Minha responsabilidade era gerenciar os treinamentos dos colaboradores da Sadia que iriam se tornar usuários do ERP assim que o sistema entrasse em operação. Apesar dessa atividade não ser vista como muito relevante em comparação com tarefas bem mais complexas inerentes ao redesenho dos processos e da tecnologia do cliente, eu ia para o trabalho feliz da vida, crente que aprenderia algo novo a cada expediente.

O trabalho de estagiário não tinha nenhum glamour. Em geral, passava meio desapercebido em projetos desse porte, quando as equipes chegavam a ter mais de cem profissionais. No meu caso, no entanto, minha presença não era nem um pouco imperceptível. Pelo contrário. Todos me observavam, tendo em vista que a cadeira de rodas era uma informação nova naquela tropa de soldados homogêneos. Muitos não sossegavam enquanto não me abordassem, normalmente na pausa para um café, e perguntassem o que tinha acontecido comigo. Ao ouvirem minha explicação, a reação mais natural era traduzida por expressões de surpresa, misturadas a elogios. "Você deve ser um gênio!" era um dos comentários mais frequentes, que escancarava nosso senso comum. Visões equivocadas, transmitidas ao longo de séculos, nos levam a acreditar que um jovem cadeirante precisaria ter um coeficiente intelectual fora da curva para que uma empresa de consultoria o contratasse e o alocasse na linha de frente.

O desfecho da percepção dos clientes quanto à minha capacidade de entrega dependia muito dos momentos em que eu entrava em campo para conduzir apresentações sobre o andamento dos projetos. Isso passou a acontecer com frequência conforme fui assumindo posições de liderança. Já estava bem escolado pela época das provas na FGV e a lógica era muito semelhante. Considerando que os olhos da arquibancada estariam todos focados em mim, não dava para improvisar. A curiosidade sobre que ideias geniais eu apresentaria era visível em todos os presentes.

Certa vez, fui posicionado na cabeceira de uma imponente mesa de reuniões para falar com os diretores de um banco. O objetivo era propor estratégias capazes de reduzir significativamente seus custos logísticos. Lembro-me de que até mesmo o garçom que servia o café parou para me ouvir como uma estátua de cera segurando uma xícara que já deveria ter sido colocada à frente de quem a solicitara. Eu preferia pensar que aquele interesse excessivo em mim representava uma oportunidade para que eu crescesse rápido na carreira, e me empenhava para estar à altura das expectativas.

***

A poucos meses do término da graduação, estávamos assistindo a uma aula de finanças, quando um grupo de alunos do turno da manhã interrompeu o professor, perguntando se poderia falar comigo. Eram três rostos conhecidos, membros da comissão de nossa festa de formatura. Perguntaram se eu aceitaria ser o orador da cerimônia, como representante do corpo discente. Naqueles dias, eu estava tão absorvido pelo meu estágio que mal sabia a data da festa. Apesar do distanciamento em relação a esse assunto, agradeci o convite e disse que seria uma honra.

O trabalho me absorvia cada dia mais. Chegava em casa bem tarde, exausto com a acelerada rotina do mundo das consultorias. Ao iniciarmos um projeto, tínhamos pouco tempo para entender razoavelmente bem as características gerais do segmento e as lacunas específicas do cliente. A curva de aprendizagem imposta era desenfreada. Acabei deixando a elaboração do discurso de formatura para a última hora. Faltavam poucos dias para o evento e eu não tinha ainda a menor ideia do que falaria. Como nas reuniões com clientes, suspeitava que a plateia exageraria na curiosidade sobre minha fala e, mais do que isso, depositaria expectativas altas sobre que ideias sairiam da minha cachola. Separei uma das noites daquela semana para rabiscar algo que me soasse pertinente e verdadeiro.

A colação de grau aconteceu em uma manhã de sábado ensolarada, num auditório cujo desenho fugia aos padrões convencionais de anfiteatros. O palco ficava no centro das instalações, com a plateia ao seu redor, como em um teatro de arena. Era impossível não entrar no clima de festa produzido por uma multidão de alunos, familiares e professores expressando alegria e satisfação por aquele encontro simbólico. Mas, no fundo, minhas atenções estavam voltadas para a responsabilidade que me havia sido dada. Se o jogo já estava ganho e o canudo, garantido para cada um dos formandos, para mim faltavam ainda algumas remadas, decisivas numa regata bem disputada, em que o resultado se define nos últimos segundos, pelo bico da proa.

Ao ser chamado ao palco, fechei os olhos e me lembrei das incontáveis cenas que compuseram aquele capítulo da minha vida. Desde a imagem da reunião com os diretores da Fuvest, passando por tantas aulas, pessoas e descobertas. A FGV foi o melhor desvio de rota que eu poderia ter percorrido em minha fase de estudante. Fechado na ideia de ser médico, não imaginava que adoraria ler autores clássicos de sociologia, psicologia e teoria das organizações. Também não passava pela minha cabeça achar fundamental para um cidadão do mundo contemporâneo entender o conceito de valor presente e os mecanismos básicos do setor financeiro. Aquilo que começou como uma imposição na minha trajetória acabou se tornando uma fonte prazerosa de crescimento.

Lembro-me do "boooh" seco emitido no ambiente quando a assistente de palco ligou o microfone que eu usaria. A barulheira natural produzida por uma plateia daquele tamanho foi substituída por silêncio absoluto. Não sei dizer se a sensação havia sido causada por minha concentração no que eu gostaria de falar, e a consequente perda de tato quanto ao que se passava ao meu redor, ou se aquele vácuo sonoro era mesmo real. Seja qual fosse a realidade, era hora de agir. Respirei fundo, olhei para o último nível de assentos no alto do auditório e tentei corresponder aos semblantes entusiasmados daqueles três alunos que haviam me convidado para representá-los:

Bom dia a todos,

Gostaria de aproveitar esse momento para dividir com vocês algumas reflexões que venho fazendo há alguns dias, desde que comecei a preparar esse meu depoimento. Estamos hoje recebendo um título que simboliza a conclusão de quatro anos de estudo e amadurecimento dentro da melhor escola de administração do país, o que, sem dúvida, é uma importante vitória para cada um de nós.

No entanto, venho pensando no que isso de fato representa e acho que vale a pena lembrarmos agora os motivos que nos fizeram escolher essa profissão. Independentemente das particularidades e dos interesses específicos de cada um, acredito que essa opção teve como um de seus motivadores um objetivo compartilhado por todos nós e que sempre influencia nossas decisões: o objetivo de ser feliz. Seja qual for o grau de consciência e racionalidade com que decidimos estudar administração, não há dúvidas de que ponderamos o quanto o futuro profissional proporcionado por essa carreira poderia colaborar com nossa felicidade.

Resolvi tentar relacionar quais seriam os elementos que garantiriam a felicidade de uma pessoa. Segundo os valores de nossa cultura, fatores como saúde, família, conforto, sucesso profissional e estabilidade seriam pré-requisitos para a felicidade. Porém, todos conhecemos várias pessoas que dispõem desses elementos e, no entanto, se consideram infelizes. Tais pessoas reclamam a todo tempo de seus problemas.

Comecei então a refletir sobre as adversidades e a postura com que as pessoas as encaram. Nossa história mostra que dificuldades e barreiras foram sempre imprescindíveis ao nosso desenvolvimento. São elas que nos impulsionam, nos desafiam, permitindo o nosso aprimoramento. Deveriam, por isso, ser encaradas como algo necessário e inerente à dinâmica da vida.

Apesar de não termos como evitar problemas, somos livres para optar por qualquer um dos possíveis pontos de vista diante de um entrave imprevisto. Podemos optar por vencê-lo, seja qual for o preço, ou podemos subestimar nossas capacidades, e nos entregar. Isso corresponde a dizer que os problemas são relativos, somos nós que dimensionamos o seu tamanho.

A partir de hoje seremos administradores de empresas, atuando em um país onde os problemas parecem não ter fim nem solução. Em pouco tempo, muitos de nós estarão ocupando importantes posições nos mais diversos tipos de organizações, tendo que tomar decisões que influenciarão o dia a dia de muitas outras pessoas. Para enfrentar as dificuldades e barreiras que estão pela frente, é fundamental que sejamos realistas, prudentes, responsáveis, mas acima de tudo otimistas.

Todos sentimos cada vez mais a necessidade de fazer alguma coisa para melhorar nossa sociedade. Porém, seria muito pouco inteligente acreditarmos que isso é possível sem que haja preocupação com melhores condições de vida também daqueles que hoje não podem nem sonhar em cursar uma faculdade por não saberem ao menos ler e escrever. Não se pode imaginar uma sociedade melhor sem que haja condições mínimas de desenvolvimento para todos. Nós teremos a chance de fazer algo, de participar da construção de um lugar mais digno para a criação de nossa família e de nossos filhos. Mais do que nunca, está em nossas mãos sermos ou não felizes.

Em nome dos formandos, gostaria de agradecer a todos que colaboraram com a conquista de hoje. Agradeço a nossos pais pelo amor e dedicação com que sempre nos acompanharam, permitindo que chegássemos até aqui. Agradeço também a nossos professores e funcionários da FGV que viabilizaram nossa formação.

Gostaria de dedicar minha formatura a meus pais, em quem me espelhei em certos momentos de dificuldade. Gostaria também de fazer um agradecimento especial a meus irmãos, Conrado e Fabiana, a meus amigos, a meu companheiro Adauto, que se forma hoje comigo, e a outras tantas pessoas que se movimentaram por mim nos momentos em que precisei. Farei o meu melhor para corresponder a tudo o que tenho recebido.

Muito obrigado!

***

Um dos chamarizes que atraíam a atenção de recém-contratados pela consultoria era a possibilidade de participar de algum treinamento no Andersen Consulting Campus, em Saint Charles, na região de Chicago. Eu estava mais preocupado em crescer e galgar novos degraus na carreira, mas confesso que fui fisgado após ouvir os relatos de colegas mais experientes, que já estavam na companhia havia alguns anos. Minha primeira incursão nesse santuário da marca Andersen* ocorreu logo após a formatura. Embarquei curioso para entender como funcionava o tão elogiado centro, que recebia colaboradores de todas as partes do mundo.

Muitos fatores impressionavam quem chegava em Saint Charles. O visual lembrava um campus universitário, com amplos gramados meticulosamente aparados, pequenos lagos e um vistoso campo de golfe. Durante o check-in, já pude sentir a atmosfera cosmopolita nos jovens de mais diferentes fenótipos e trejeitos, todos vestindo terno, gravata ou tailleur. Os prédios tinham corredores sem fim, que davam acesso a amplas salas de aula, auditórios e refeitórios com menus multiculturais. A cada vinte metros, uma máquina de Coca-Cola, que expelia gratuitamente latinhas, sem limite de consumo, compunha o cenário hoteleiro-corporativo. As pessoas circulavam em ritmo frenético nos intervalos entre as aulas e o zum-zum-zum se transformava em silêncio quando as portas se fechavam para o início de mais um round.

Meu curso levaria três semanas e tinha como tema "planejamento e desenho de processos". A turma era composta por sessenta alunos, sendo a maioria originária dos Estados Unidos, da Europa e da China. Eu era o único representante da América do Sul, e me divertia com as histórias de Pedro Antonio, gerente que atuava no escritório da Andersen Consulting em Lisboa, que conduziria o grupo. Ele me chamava de compatrício e sempre vinha com alguma tirada espirituosa.

---

* Na época, a holding era dividida em dois braços: Arthur Andersen, responsável por serviços de auditoria, e a Andersen Consulting, empresa de consultoria que nasceu como "filha" da auditoria e cresceu vertiginosamente, a ponto de se tornar muito maior que a mãe.

O prédio em que ficávamos hospedados era conectado ao bloco dos cursos por meio de um saguão envidraçado, por onde passávamos em marcha acelerada, sem olhar muito para os lados. No final de uma das tardes, enquanto retornava ao meu apartamento, reparei que essa passarela tinha uma antessala, em um de seus lados. O espaço estava sempre deserto e resolvi parar para entender a que se destinava. Tratava-se de um minimuseu sobre a história da holding Andersen, com painéis que resumiam a linha do tempo da corporação, desde seus primórdios. Fui então ler onde tudo aquilo havia começado.

Arthur Edward Andersen nasceu em 1885, na cidade de Plano, no nordeste do estado de Illinois. Era filho de um casal de norueguenses que emigrou para os Estados Unidos em busca das oportunidades que o país oferecia, passados os tempos da Guerra Civil. Sua estrutura familiar foi abalada pela morte dos pais, quando ele tinha dezesseis anos. Arthur precisou assumir as rédeas da sua sobrevivência, e conseguiu um emprego de mensageiro. Trabalhava o dia todo e, à noite, frequentava cursos — o que lhe permitiu conquistar uma vaga no ensino superior e o título de bacharel em administração de empresas.

Ainda estudante, foi contratado pela Allis-Chalmers, respeitada fabricante de máquinas para indústrias nos segmentos de transporte, energia e outras atividades de base. Ficou fascinado por esse trabalho e, particularmente, pelo dos auditores independentes e contadores públicos. Decidiu estudar a fundo o assunto e se tornou o mais jovem contador público do estado de Illinois. Em 1913, comprou a Companhia de Auditoria de Illinois que, anos mais tarde, se transformaria na poderosa Arthur Andersen & Co.

Além de dar aulas em instituições de ensino de prestígio, Arthur recebeu inúmeros prêmios e honrarias internacionais por sua reputação, que combinava excelência e honestidade. Certa vez, ao ser chantageado por um executivo do setor ferroviário para que assinasse documentos que continham falhas contábeis, respondeu que nem mesmo todo o dinheiro existente em Chicago seria suficiente para que ele cedesse à sórdida proposta. Perdeu o cliente, mas blindou sua integridade.

Arthur faleceu aos 61 anos, deixando como legado uma das maiores firmas norte-americanas, sempre se referindo ao axioma escandinavo, ensinado por sua mãe: "pense direto, fale direto".

A empresa seguiu crescendo vertiginosamente após a morte de seu fundador, levando-a a constituir uma holding multinacional formada por duas unidades de negócio: a Arthur Andersen, responsável por serviços de auditoria, e a Andersen Consulting, encarregada das atividades de consultoria. Uma série de tensões e conflitos entre os sócios de cada uma dessas divisões culminou em uma batalha judicial histórica. Em resumo, os sócios da consultoria não estavam mais dispostos a repartir seus ganhos com a empresa-mãe e pleiteavam a separação da holding.

Acompanhávamos curiosos os bastidores dessa disputa, até o dia em que o veredito ocupou as manchetes de jornais ao redor do globo: o império seria definitivamente desfeito, gerando duas empresas distintas. A Andersen Consulting não precisaria mais dividir lucros com a Arthur Andersen. Porém, a partir do primeiro dia de 2001, a empresa deveria mudar completamente sua identidade e não teria mais o direito de fazer qualquer referência ao nome Andersen. Lembro-me da manhã em que fomos chamados para uma reunião extraordinária em que os sócios nos informaram sobre esse ponto de virada na história da companhia. Não havia dúvidas de que os novos rumos representavam uma libertação. Mas isso não aliviava as preocupações com os riscos decorrentes da perda do nome — símbolo de tradição, confiança e eficiência.

Fazer parte da empresa naquele momento me proporcionou assistir de camarote a um dos grandes casos de branding de todos os tempos. A Andersen Consulting tinha poucos meses não só para reinventar sua marca, mas para criar uma estratégia de comunicação global que transmitisse uma mensagem positiva e evitasse interpretações desfavoráveis por parte dos clientes. Lembro-me de receber um e-mail — enviado aos mais de 60 mil colaboradores da companhia espalhados pelo mundo — que nos convidava a participar de um concurso interno para eleger o novo nome.

Por coincidência, a proposta selecionada veio de um conterrâneo dos pais de Arthur Andersen. O consultor Kim Petersen, dinamarquês que atuava no escritório de Oslo, sugeriu o nome Accenture — derivado da junção do verbo "acentuar" com o substantivo "futuro". A campanha de lançamento desenvolvida pela agência de publicidade Landor explorava a oportuna grafia "01.01.01", referente à data de virada imposta pela justiça, e buscava gerar suspense quanto ao que seria revelado no primeiro dia do ano. Confesso que fui capturado por todo esse processo, como se eu fosse de fato parte daquele desafio, apesar de estar na posição de um simples analista em início de carreira. Juntamente com meus colegas de equipe, vibrei com cada etapa e senti orgulho pelo sucesso da mudança refletida no meu novo crachá.

Curiosamente, poucos meses depois, a Arthur Andersen fez parte de um escândalo relacionado a acusações de fraudes em balanços de grandes corporações, como a Enron Corporation. Considerando que seu maior ativo era sua reputação ligada a integridade e confiança, a empresa acabou sendo dissolvida e bruscamente varrida do mapa. Desfecho inimaginável até mesmo para o mais pessimista profeta. Por outro lado, a Accenture saiu ilesa desse traumático episódio e deu continuidade à curva de crescimento que a posicionou, definitivamente, como a maior empresa de consultoria do mundo.

***

Eu continuava indo para o trabalho com a faca nos dentes, motivado por tanta coisa que ainda poderia aprender e pelo rápido crescimento de carreira que aquele ambiente permitia. Estava elegível a uma posição de gerência, e tudo indicava que a promoção ocorreria em alguns meses. Empresas de consultoria do porte da Accenture vendem projetos com os mais diferentes tipos de foco e tamanho. Desde a implantação dos infindáveis pacotes de integração tecnológica — como o SAP, marca que se consagrou nesse território —, que podem levar anos, até projetos mais curtos destinados exclusivamente à revisão da estratégia do negócio.

Tive a sorte de experimentar várias modalidades nesse espectro. A criação de um mercado eletrônico para um pool de companhias do setor de energia elétrica; a reavaliação do valor de mercado de uma unidade de negócio da Rhodia; o redesenho de uma parte da cadeia de suprimentos da Votorantim Metais; a redução dos custos de compra do grupo Itaú; e a elaboração de um plano de gestão da mudança na BASF são alguns exemplos. Com o objetivo de aproveitar ao máximo aquele oceano de conhecimento em gestão, eu fazia minhas articulações nos bastidores com os sócios e gerentes a quem eu tinha acesso para conseguir transitar não só por diferentes clientes, mas por diferentes temas.

Tinha acabado de celebrar meus trinta anos de idade e estava fazendo um balanço de vida. O disparador era muito mais a mudança de decênio, que sempre acaba nos dando alguma referência de que o tempo está passando, do que algum tipo de insatisfação profissional. Por outro lado, mesmo que incipiente, existia uma preocupação com os rumos futuros da Associação Rodrigo Mendes. Dona Sonia continuava trabalhando como voluntária no cargo de diretora, fazendo um excelente trabalho, mas eu sentia que precisava criar uma alternativa para a sucessão, de maneira que ela pudesse ir atrás de seus próprios sonhos.

Ao longo do tempo, criei uma ótima relação com Mario Fleck, então presidente da Accenture no Brasil. Tínhamos nos conhecido na época da FGV, quando participei de algumas reuniões do Conselho de Administração da faculdade, no assento reservado para um representante dos alunos. Esse grupo era composto por líderes de destaque no âmbito dos negócios e do setor público. As reuniões seguiam vários protocolos formais e acabavam sendo um poderoso ambiente de troca e networking. Para mim, representavam mais um imperdível espaço de aprendizagem. Na consultoria, Fleck era uma figura mítica. Tinha um estilo que misturava sobriedade e simpatia, mas sempre marcado pela assertividade. Havia chegado à posição de CEO muito cedo e, apesar do gigantismo da empresa, fazia questão de entrevistar jovens recém-contratados, mesmo que fossem estagiários. Como em outras grandes organizações, os colaboradores guardavam certo medo da figura do grande líder, e o respeitavam à distância. Diante do meu despretensioso fechamento para balanço e o desejo de ouvir palpites de alguém com uma experiência de alto calibre, passei pela mesa da secretária de Fleck e pedi para agendar uma reunião com ele.

Duas semanas mais tarde, entrei na sua sala, curioso com os rumos que aquela conversa poderia tomar. Como sempre, ele aparentava estar bastante ocupado, dando diretrizes para sua secretária, olhando a tela de seu notebook e fazendo anotações, simultaneamente. Ao me ver, terminou um último telefonema e já emendou: "Fala, Rodrigo. Tudo bem contigo? Faz tempo que a gente não conversa. Como estão indo as coisas? O que tem feito de novo?". Comecei fazendo um resumo do último projeto em que eu atuara, dividindo as oportunidades que eu e minha equipe percebíamos para novas vendas. Sabia que o tempo era curto e migrei logo para a pauta que me levara até ali. Ao explicar minhas inquietações, imaginava que ele incorporaria o script convencional de um presidente: o de defensor número um do navio que comanda.

O mantra repetido por gerentes que haviam me avaliado ao longo daqueles anos tinha sempre, como estrofe final, frases como: "Queremos que você cresça aqui e nos ajude a levar essa empresa para frente". No entanto, Fleck abordou minha pergunta sob um ponto de vista muito mais íntimo e honesto. "Tenho te acompanhado desde o início. Todos te respeitam e ressaltam seu potencial. Se seguir assim, tem tudo para virar sócio um dia." No fundo, esse era o objetivo de qualquer profissional que estava lá para valer. Numa pirâmide em que o ápice era ocupado por poucas dezenas de cadeiras, chegar ao topo representava inegável vitória. "Tudo depende do que você está buscando. Se for prestígio e poder, continue aqui com a gente, mas esteja consciente de que precisará entregar cento e vinte por cento da sua vida", concluiu.

Saí da sala surpreso pela franqueza de Mario. Tínhamos uma ótima relação, que já configurava um vínculo de confiança, mas nem sempre a sinceridade impera em estruturas hierárquicas permeadas por algum grau de formalidade. Naquela noite, voltei para casa mais mexido do que desejava. O que mais reverberava na minha mente eram suas frases finais. Eu gostava muito do que fazia, mas sacrificar minhas próximas décadas no nível que ele mencionara não era exatamente um plano. Por outro lado, estava vivendo uma fase de voo de cruzeiro, e a hipótese de abrir mão da estabilidade propiciada por aquele lugar, de que eu tanto gostava, me dava um frio na barriga.

Passei algumas semanas conversando com pessoas em que eu confiava. O dilema era relativamente simples de ser explicado. Caso continuasse minha carreira como consultor, me esforçasse ao máximo e tivesse a sorte de estar no lugar certo, na hora certa quando pequenas frestas se abrem em ambientes de grande disputa, quem sabe eu conseguiria me tornar sócio, podendo desfrutar dos louros que isso traria. No entanto, a Accenture acabara de abrir capital, e o cargo de sócio perdera bastante do seu glamour e potencial de remuneração. É claro que continuava sendo atraente e sedutor, mas em um nível abaixo do que era antes. E mesmo que isso não tivesse acontecido, valeria a pena?

As respostas seriam mais fáceis se não houvesse outra faceta do dilema. Tinha grandes dúvidas se a permanência na empresa atenderia àquele desejo que havia nascido na época da minha hospitalização e continuava vivo, mesmo que como um plano secundário: retribuir toda a ajuda que tinha recebido naquele momento de ruptura. Ter mantido a Associação Rodrigo Mendes em funcionamento por tanto tempo era consequência dessa aspiração. Mas estava ficando cada vez mais claro que essa empreitada dificilmente sobreviveria se meu tempo de dedicação ao projeto continuasse tão limitado.

Após refletir bastante sobre qual rota eu preferia, considerando as peculiaridades da minha jornada até aquele ponto, decidi arriscar. A ARM já havia recebido vários prêmios relevantes, mas não tinha fôlego para perseguir as diversas oportunidades que se abriam. Talvez se eu direcionasse toda minha energia e bagagem como consultor para a ampliação dos seus impactos, a escola poderia se transformar em um ótimo meio para atender meus anseios e continuar me desafiando. Pensar em um cenário futuro, no qual a associação tivesse programas de inclusão em todas as regiões do Brasil, gerando impactos em escala, foi o catalisador de que eu precisava para tomar uma decisão. A incerteza sobre o que viria pela frente não era de se subestimar, mas o sonho justificava o risco. Pedi demissão e comecei um novo capítulo daquela cria que pedia mais atenção por parte do seu fundador.

Parte II

Mares que sempre mudam

Refletir sobre mudanças havia se tornado uma espécie de hábito desde que iniciara minha vida universitária. Me inquietava conhecer melhor quais eram os processos psicológicos por trás dos pontos de virada em nossa trajetória. Essa curiosidade ficava nítida em minhas visitas à livraria da FGV, que sempre me levavam às prateleiras com livros sobre transformações sociais e pessoais. Nessa época, tornou-se comum receber convites para conversar com jovens e outros públicos que passavam por fases de transição.

Visando mergulhar mais profundamente nas reviravoltas enfrentadas por qualquer pessoa, desenvolvi um modelo que usarei como fio condutor da argumentação construída ao final deste livro. Cabe esclarecer que todo modelo é, por definição, imperfeito. Como se sabe, tipologias são simplificações. Essa premissa ganha colorações mais intensas quando nos referimos ao comportamento humano. A complexidade dos fenômenos nesse território impede que um instrumento cartesiano, por mais sofisticado que seja, dê conta de explicar a realidade. Porém, desde que abordado com a devida cautela, o modelo tem potencial para nos ajudar a desanuviar os mares e portos em que navegamos ao longo da vida.

Testei-o por mais de uma década em minhas aulas relacionadas à liderança e, aparentemente, a ferramenta cumpre sua tarefa. Vou apresentar uma síntese do modelo, o que parece ser suficiente para o propósito do livro.

Quando paramos para reconstituir a linha da vida de uma pessoa, identificando os fatos que mais influenciaram seus rumos, observamos que é possível classificá-los em duas vertentes: continuidades e rupturas. A primeira contempla períodos caracterizados por uma preservação do status quo, ou pela repetição de um determinado padrão estabelecido. A segunda diz respeito a circunstâncias marcadas por mudanças e desvios de rota.

Sob outro ponto de vista, as situações podem também ser organizadas com base em duas categorias adicionais: deliberações e imposições. Na primeira, temos liberdade para tomar decisões sobre nosso percurso — o leme é intencionalmente direcionado por uma deliberação do navegador. Na segunda, somos coagidos por forças externas, que fogem ao nosso controle e nos impõem itinerários muitas vezes indesejados — contra a sua vontade, o marinheiro perde o comando do leme.

O cruzamento desses dois eixos resulta em uma matriz que engloba quatro situações clássicas da trajetória humana: a estabilidade, a estagnação, a mudança por opção e a mudança por imposição.

Algumas considerações precisam ser feitas a respeito desse modelo. Em primeiro lugar, nossas histórias não são estáticas, mas transitam por todos os quadrantes. Mesmo que tenhamos objetivos claros para cada fase de nossa vida — o que não é muito comum, tendo em vista que passamos por momentos de incerteza sobre o que desejamos —, é inevitável que nossa jornada se movimente e circule entre as quatro situações integrantes do modelo. Ou seja, existe uma dinamicidade implícita a qualquer percurso.

Essa constatação dialoga com o conceito de "impermanência"* da filosofia budista.

Como segunda consideração acerca do modelo, merece também ser pontuado que nosso cotidiano é constituído por múltiplas dimensões. Diferentes situações ocorrem simultaneamente nos aspectos sociais, profissionais, conjugais, interpessoais, entre outros. Uma mesma pessoa pode estar passando por um momento de estabilidade em sua vida conjugal, enquanto enfrenta uma estagnação profissional, acompanhada por uma mudança por opção no âmbito interpessoal e uma mudança por imposição nas suas relações sociais. Tudo isso, concomitantemente. Em outras palavras, o modelo é multidimensional.

Além disso, cabe explicar que suas linhas têm uma função meramente didática. Essas divisões não são precisas e lineares, mas

---

* Sogyal Rinpoche, *O livro tibetano do viver e do morrer*. 12. ed. Rio de Janeiro: Palas Athena, 1999.

porosas e móveis. Os dois eixos que estruturam a matriz simbolizam contínuos marcados por inúmeras gradações de intensidade. Qualquer desenho seria insuficiente para endereçar a complexidade e as entremeadas nuances da realidade em que navegamos.

Cabe também destacar que a proporcionalidade da área ocupada por cada quadrante da matriz não corresponde à simetria temporal. Nesse aspecto, as situações de continuidade — estabilidade e estagnação — costumam levar períodos mais longos que as de ruptura. Tanto mudanças por opção quanto por imposição tendem a ser mais instantâneas e passageiras. Ao dividir meu incômodo com essa lacuna na representação visual oferecida pela figura do modelo, meu amigo Candido Bracher respondeu com seu admirável estilo que concilia sabedoria e humildade: "Você passa muito mais tempo subindo uma montanha de bicicleta que descendo. No entanto, a distância física é a mesma".

Tendo em vista que, em geral, estamos desatentos à dinâmica explorada pelo modelo, algumas perguntas me parecem fundamentais para que possamos nos entender melhor, refletir com mais densidade sobre as marés que atravessamos e usufruir de nossos potenciais. A começar pela indagação: em quais quadrantes da matriz almejamos estar em cada dimensão da vida?

Tenho feito essa pergunta em minhas palestras e, seja qual for o perfil e o repertório de quem está na plateia, as respostas são muito semelhantes. As pessoas manifestam uma preferência pelos quadrantes de deliberação. Isso se explica por vários motivos. Primeiro porque a estabilidade e a mudança por opção estão associadas à liberdade, à autonomia para decidir. De acordo com Dan Gilbert, psicólogo da Universidade Harvard, nosso desejo de controle é tão forte, e o sentimento de estar no controle tão recompensador, que as pessoas agem como se fosse realmente possível controlar o incontrolável.

Isso ajuda a esclarecer por que não achamos muita graça em assistir à gravação de um jogo que já terminou, mesmo quando não sabemos o placar final. O fato de a partida ter sido concluída elimina nosso ímpeto de acreditar que nossa torcida vai, de alguma forma, chegar ao estádio e influenciar o rumo da bola após ter sido chutada em direção ao gol. Vários estudos nessa linha levaram alguns pesquisadores a concluir que a sensação de controle é uma de nossas fontes de bem-estar e saúde mental. Mesmo quando não sabemos qual será o nosso porto de destino, poder conduzir o leme de um barco pelo rio da vida representa uma mina de satisfação que nos seduz o tempo todo.

Esse comportamento produz uma das grandes ilusões da trajetória humana, que eu chamo de ilusão do controle. Não é raro incorporarmos a crença de que é possível controlar permanentemente o desenho da nossa navegação. É evidente que esse equívoco resulta de uma miopia de muitos graus. Não importa qual seja o sobrenome e o endereço de uma pessoa, em algum momento ela será confrontada por maremotos, perderá o controle e passará por uma mudança imposta, seguida talvez de estagnação. Isso é inevitável. Epicteto, filósofo grego do século I, já defendia essa ideia de forma ainda mais contundente. Segundo ele, "algumas coisas estão sob o nosso controle e outras não estão. Só depois de aceitar esta regra fundamental e aprender a distinguir entre o que podemos e o que não podemos controlar é que a tranquilidade interior e a eficácia exterior tornam-se possíveis".[*]

É claro que essa reflexão precisa ser conduzida com ponderação. Boa parte da nossa rotina é composta por ações que foram planejadas e, posteriormente, executadas. Não é à toa que a frase "A melhor maneira de prever o futuro é criá-lo", creditada a

---

[*] Epicteto, *A arte de viver*. Rio de Janeiro: Sextante, 2018.

Abraham Lincoln, ainda gera repercussão sempre que citada. Em outras palavras, dispomos de um razoável nível de gerência daquilo que vivemos ao longo das 24 horas de cada dia. O risco é cair na tentação de acreditar que esse comando é absoluto e inabalável.

O segundo fator que induz as pessoas a preferirem os quadrantes de deliberação e fugirem das situações de imposição diz respeito às projeções relacionadas à realização pessoal. Herdamos e nutrimos a crença de que isso só é possível quando temos a opção de decidir, enquanto a imposição necessariamente empurra a pessoa para o fracasso. Esse modelo mental nos influencia, mesmo quando nos esforçamos para estar mais conscientes em relação às circunstâncias em que estamos imersos.

E qual seria, então, o melhor quadrante para se alcançar a realização pessoal? Isso depende da premissa assumida. Existem inúmeras definições para essa expressão abstrata. Inspirado no conceito de "eudaimonia"* de Aristóteles, proponho que consideremos realização pessoal como sendo o desenvolvimento máximo de nosso potencial humano. Segundo essa definição, qual deveria ser o quadrante mais apropriado para atingirmos essa tão buscada meta?

Como tantas histórias que conhecemos, as que escolhi contar neste livro podem, quem sabe, fornecer pistas para a busca por respostas.

***

Reuni um grupo de sócios da Accenture para criar um plano ambicioso, mirando os próximos quinze anos da Associação Ro-

---

* Eudaimonia pode ser entendida como a realização máxima, ou seja, uma vida plena e feliz.

drigo Mendes (ARM). Todas as ferramentas e modelos sofisticados que explorávamos com nossos clientes estavam agora a serviço da organização. Trabalhamos por dois meses analisando o setor social brasileiro, produzindo cenários e estimando resultados, até que chegamos a um planejamento estratégico robusto e mobilizador.

O primeiro passo consistia em firmar a associação como uma escola de artes visuais de ponta. Isso envolvia a elaboração de uma metodologia de ensino pedagogicamente consistente e inovadora, tendo em vista que o campo da arte-educação no Brasil seguia, em geral, abordagens relativamente conservadoras. Para essa tarefa, recorri a uma dupla de professores muito respeitados, tanto no ambiente acadêmico como no segmento artístico mais comercial — universos que nem sempre se bicam. Evandro Carlos Jardim e Paulo Portella Filho eram mestres na arte e na vida. Tinham a rara competência de nos provocar a pensar com profundidade, conciliando poesia e racionalidade. Muito generosos, dispuseram-se a participar de uma série de reuniões com o Conselho da ARM para nos apoiar na construção de tal metodologia.

O próximo passo foi contratar uma equipe talentosa, conectada com o tema da educação inclusiva e o universo da arte contemporânea. Por sorte, o Museu de Arte Moderna de São Paulo (MAM), reconhecido por importantes inovações no atendimento de públicos em situação de vulnerabilidade, havia reformulado sua equipe recentemente e parte de seus ex-colaboradores estava em busca de novas oportunidades. Durante uma série de entrevistas com alguns deles, conheci Carlos Barmack, ex-coordenador do corpo de educadores do MAM. Nossa sintonia foi imediata. Além de ter uma diversificada carreira como artista, transitava com facilidade por vários grupos do meio cultural. Barmak assumiu a posição de coordenador pedagógico e liderou a composição de um time de craques. Eram, em sua maioria, professoras jovens, mas com experiência profissional em instituições culturais renomadas. Paralelamente, investiam em suas carreiras como artistas, o que lhes propiciava um perfil aderente ao que buscávamos.

Com o objetivo de expandir nossas articulações com o setor social, no Brasil e em outras regiões do mundo, candidatei-me ao processo seletivo da Ashoka, rede internacional de empreendedores sociais que atua em mais de 95 países. O anseio de gerar impactos em escala nacional, combinado com nosso histórico de atuação no campo da promoção da igualdade de direitos, jogou a nosso favor, fazendo com que eu fosse selecionado para integrar aquela rede. Com isso, passei a frequentar as reuniões da Ashoka e a conviver com um grupo altamente inspirador, constituído por pessoas das mais diferentes origens, que tinham em comum a decisão de canalizar suas vidas para projetos voltados à transformação social.

***

Como parte das renovações decorrentes do planejamento estratégico que criamos para a Associação Rodrigo Mendes, mudamos nossas instalações para um imóvel cuja arquitetura dialogava perfeitamente com nossas pretensões futuras. Tratava-se de um prédio de dois andares, localizado em uma rua bastante arborizada. Sua estrutura era toda feita de concreto armado e vidro. Uma parte do térreo era ocupada por um vão livre, fazendo com que aquele caixote suspenso de cimento me remetesse ao Museu de Arte de São Paulo, projetado pela consagrada arquiteta italiana Lina Bo Bardi. Batizei nosso novo quartel general de "Maspinho". A escola, agora com essa nova musculatura, funcionava a todo vapor.

A metodologia que desenvolvemos previa um limite de quinze alunos por turma, de forma que nossa equipe pudesse oferecer um atendimento diferenciado. Estávamos atendendo 150 alunos, que recebiam bolsa de estudos e transporte gratuito, efetuado por uma van adaptada que havíamos comprado na época do prêmio Fenead. Os perfis eram muito diversos e traduziam o princípio de inclusão que nos guiava. Recebíamos crianças, jovens e adultos com as mais variadas especificidades. Estudantes com deficiência, transtornos do espectro autista e transtornos psiquiátricos participavam de todas as atividades, junto com os demais bolsistas.

No início do ano letivo, cada aluno era orientado a criar um projeto pessoal no campo das artes visuais. Eles podiam optar por produções que explorassem diferentes linguagens, como o desenho, a pintura, a escultura e a fotografia. Como complemento às aulas, levávamos o grupo para visitas a instituições culturais e espaços públicos que oferecessem atividades alinhadas com o planejamento anual estabelecido por nossos educadores. Nos tornamos figuras carimbadas nos principais museus da cidade. O resultado de cada projeto era apresentado em uma grande exposição que promovíamos em dezembro.

Essa ação já havia se tornado uma tradição da escola desde seus primórdios, mas ganhou uma proporção maior de importância e qualidade durante a fase de repaginação da ARM. Queríamos que o evento ocupasse um espaço nobre no circuito das artes e entrasse para o calendário cultural da cidade. Para isso, contratamos Pedro Mendes da Rocha, arquiteto que dispensa apresentações. A primeira edição da mostra ocorreu no recém-inaugurado prédio do Sesc Pinheiros, permanecendo aberta para visitação por mais de um mês. As críticas do público superaram as expectativas.

As coisas corriam bem, mas estávamos ainda distantes do que havíamos planejado. A escola era cada vez mais conhecida no setor social e tínhamos ganhado o respeito de atores influentes no universo das artes. No entanto, o impacto que gerávamos era muito reduzido. Nossa metodologia de ensino, da qual tanto nos orgulhávamos, acabava sendo um gargalo, tendo em vista sua diretriz de atendimento a grupos pequenos. Era hora de expandir nosso trabalho para outras localidades, mas o modelo boutique parecia não permitir esse passo. Coincidentemente, nesse mesmo período, começamos a receber frequentes telefonemas de escolas públicas que buscavam cursos sobre como atender crianças com deficiência em salas de aula inclusivas. A princípio, essa demanda me soava um desvio de foco. Mas não demorou muito para que eu enxergasse uma gigantesca oportunidade de viabilizar o crescimento almejado.

Respondi a alguns daqueles telefonemas para esmiuçar melhor a necessidade das escolas e agendei uma reunião com Marta Gil, uma importante especialista no tema da inclusão, que acompanhava o trabalho da ARM havia tempos e era minha colega na rede da Ashoka. Falei sobre minha percepção quanto à oportunidade que surgira e a convidei para ser minha parceira na criação de um curso voltado a professores de escolas públicas. Marta aceitou de imediato e comentou que a Ashoka havia acabado de lançar uma linha de financiamento para projetos-piloto desenvolvidos por duplas de membros da rede.

Em agosto de 2005, inaugurávamos o curso, batizado de Programa Plural. A primeira turma era formada por trinta professoras que atuavam em três escolas da rede pública de São Paulo. Conseguimos organizar o grupo após termos estabelecido articulações com a Secretaria Municipal de Educação, que desempenhou um papel estratégico no processo. O conteúdo era bastante promissor. Criamos um programa que pressupunha a exploração da arte contemporânea como um veículo para ampliar o repertório de conceitos e ferramentas dos participantes. Traduzindo em miúdos, cada aula começava por uma oficina de arte, cuja finalidade era desconstruir o discurso convencional e, ao mesmo tempo, abordar as dificuldades inerentes a uma sala de aula inclusiva, baseando-se em pontos de vista pouco investigados pela escola formal. Retratos feitos com carvão e linhas contínuas, desenhos de observação produzidos por meio de barbantes e nanquim, pinturas criadas a partir do contorno de um corpo em movimento eram exemplos do que propúnhamos nessas oficinas. Tudo isso acontecia em um amplo ateliê de artes que proporcionava o ambiente ideal para essas experiências.

A segunda parte da aula era dedicada a discussões sobre os desafios que os professores precisavam enfrentar para que a inclusão escolar de fato acontecesse, como: o convívio com as incertezas em sala de aula, a necessidade de ressignificar os padrões que herdamos dos modelos convencionais de educação e a elaboração de estratégias pedagógicas que viabilizassem a aprendizagem de todos.

O curso recebeu uma excepcional avaliação por parte dos professores e diretores das escolas. Começamos a divulgá-lo para organizações parceiras e, em poucos meses, fomos procurados por outros municípios. No ano seguinte, o Programa Plural foi expandido para São Caetano do Sul, Ouro Preto, Recife e Florianópolis. Considerando que cada educador participante atendia a dezenas de alunos, o impacto do nosso trabalho subiu imediatamente de patamar.

Essa importante guinada em nosso modelo de operação pedia também uma revisão de nossa identidade. Após seis meses de discussões com o conselho e Jayme Serva, profissional com larga experiência na construção de marcas, mudamos o nome da escola para Instituto Rodrigo Mendes, assumindo a produção de conhecimento como uma nova vertente de nossas pretensões.

O lançamento dessa nova embalagem ocorreu durante nosso primeiro seminário internacional sobre educação inclusiva, para o qual trouxemos representantes de instituições emblemáticas no campo da educação inclusiva, como a Reggio Emilia, na Itália, e a Escola da Ponte, em Portugal. O evento contou com mais de oitocentos educadores, de várias partes do Brasil. Tudo indicava que estávamos aptos a navegar por águas mais profundas.

***

Eu costumava chegar cedo ao escritório e já colocar meus e-mails em dia. Numa manhã de fevereiro, notei que havia um envelope diferente sobre minha mesa. O papelão era encorpado e indicava conter uma correspondência internacional. Imaginei que trouxesse algum material de marketing. Ao abrir, encontrei um envelope menor, com o timbre do Fórum Econômico Mundial.

Tratava-se de uma carta comunicando que eu havia sido selecionado para fazer parte de um grupo chamado Jovens Líderes Globais — conhecido como YGL (Young Global Leaders) —, cujo objetivo era aproximar pessoas com menos de quarenta anos que estivessem em posições de liderança e demonstrassem potencial para contribuir, de forma relevante, com o futuro do nosso planeta.

O texto tinha um tom estimulante e terminava com a assinatura de Klaus Schwab, fundador do fórum. Apesar de perceber uma nova porta se abrindo, eu não imaginava que esse convite simbolizava uma poderosa catapulta para que o Instituto Rodrigo Mendes ultrapassasse fronteiras ainda distantes do nosso raio de visão.

***

Oito meses mais tarde, eu pousava em Tianjin, cidade localizada no norte da China, para participar do meu primeiro evento como membro do YGL. Estava acompanhado de meus assistentes, Adauto e Thiago, e portava duas malas gigantes, que garantiriam minha sobrevivência por alguns séculos. Era minha primeira viagem à Ásia e achei melhor me prevenir, levando uma minifarmácia e mais uma centena de apetrechos que não são encontrados em qualquer esquina. Fui recebido no aeroporto por uma equipe do fórum, que me conduziu a um micro-ônibus, exclusivamente destinado para ser o meu transporte durante aquela semana. Ao longo do trajeto até o centro da cidade, vários elementos da paisagem chamaram minha atenção.

A estrada era impecavelmente asfaltada e dava a impressão de que acabara de ser inaugurada. Por um bom tempo, meu micro-ônibus foi o único veículo a trafegar sobre aquele tapete negro. Cheguei a cogitar que o horário poderia explicar o fenômeno, mas estávamos a plena luz do dia. A partir de um determinado ponto dessa extensa rodovia deserta, os arredores passaram a ser ocupados por conjuntos de altíssimos arranha-céus. O visual me lembrava o de filmes em que cidades inteiras são desocupadas devido a algum perigo eminente. Tentei me comunicar com o motorista — um senhor austero, que usava um cap típico de funcionários de estações de trem —, mas os movimentos do indicador de sua mão direita sinalizavam que ele não estava entendendo o que eu dizia. Restava-me continuar observando aquele cenário desconhecido.

Durante o check-in no hotel, senti a exaustão tomando conta do corpo. A viagem tinha sido uma via-crúcis, cujo roteiro passara por Nova York e Seul, antes do desembarque na China. Entrei em meu apartamento com os olhos já pescando e fui me deitar. O evento começaria no dia seguinte e o tempo para descanso era escasso.

***

Fui acordado por batidas apressadas na porta do apartamento. Pedi para um de meus assistentes checar o que estava acontecendo. Em seguida, surgiu diante de mim um jovem chinês que aparentava ter vinte anos de idade. Vestia um terno azul-marinho, uma camisa cinza-clara e uma gravata vermelha com um pin da bandeira da China. Tentando conter um bocejo, perguntei o que ele desejava, já me sentindo aflito só de olhar sua expressão de ansiedade. Em ritmo acelerado e com um inglês confuso, explicou que seu nome era James e que estaria à minha disposição para qualquer coisa de que eu precisasse durante minha estadia em seu país. Ao final, mencionou que meu motorista já estava esperando por mim na porta do hotel, pronto para me transportar ao centro de convenções onde ocorreria o evento. Olhei no relógio e vi que faltavam ainda três horas para o horário em que deveria comparecer à recepção do hotel, segundo as orientações recebidas da equipe que conheci no aeroporto. Achei prudente confirmar isso com o James, que respondeu positivamente, mantendo-se de pé em frente à minha cama. Percebi que ele aguardava um comando. Agradeci sua atenção e informei que eu estaria no saguão para encontrá-lo na devida hora.

Mais tarde, após passar por uma mesa ao lado da recepção em que algumas moças uniformizadas distribuíam sacolas destinadas aos participantes do evento, fui novamente abordado por James. Disse que deveríamos nos dirigir à área externa, onde o motorista passaria para me pegar, e saiu em disparada em direção à entrada do hotel. Tudo indicava que calma não era um traço do prestativo jovem.

Eu estava aguardando na calçada que beirava a frente do hotel, e logo vi meu micro-ônibus se aproximando com o mesmo motorista do dia anterior ao volante, acompanhado pelo meu mais novo escudeiro. "Dessa vez, vou ter um intérprete", pensei. Olhei para o lado e reparei que um rapaz de pele clara, cabelo bem raspado e óculos de lentes grossas também usava o crachá do evento. Enquanto me acomodava dentro do veículo, ele chegou perto da porta e perguntou educadamente se poderia pegar uma carona. Já sentado ao meu lado, estendeu a mão para se apresentar. "Sou Eric Anderson, prazer em conhecê-lo." Eu não fazia ideia de que estava me encontrando com um ícone da indústria aeroespacial.

Nascido em 1974, na pequena cidade de Littleton, no Colorado, Eric tinha desde criança o desejo de ingressar na força aérea norte-americana e se tornar um astronauta. Ao se alistar, foi informado de que sua miopia o impossibilitava de passar nos rigorosos testes físicos exigidos. Com o objetivo de encontrar outras formas de realizar seu sonho, ingressou no curso de engenharia aeroespacial, na Universidade da Virgínia. Sua carreira começou cedo, quando trabalhou como estagiário na x Prize Foundation, uma organização sem fins lucrativos que promove concursos voltados para projetos tecnológicos com potencial de beneficiar a humanidade.

No ano seguinte, foi selecionado para participar de um programa da Administração Nacional da Aeronáutica e Espaço (Nasa), a renomada agência espacial do governo norte-americano, destinado a estudantes universitários. Nesse período, além de ter a oportunidade de se relacionar com astronautas e figurões da indústria aeroespacial — incluindo a alta cúpula da agência —, Anderson começou a se interessar por turismo espacial. Não precisou de muitas conversas para concluir que a Nasa não conseguiria levar civis ao espaço a um custo viável. Em 1997, Eric fundou a Space Adventures, primeira empresa de turismo espacial do mundo.

***

Durante toda minha infância, eu e meus primos passávamos nossas férias na casa de praia do meu avô Jeferson, em Ubatuba. Na época, a região era bem virgem, o que tornava nossas temporadas ainda mais pitorescas. A propriedade ficava em um bairro simples, ao pé de uma serra com muita mata. Sempre que chegávamos de São Paulo amontoados no banco de trás do lendário Dodge Charger do avô Jejé — como o chamávamos —, éramos escalados para buscar as chaves com o caseiro Jango, que morava no alto do morro. As aventuras já começavam ali, com brincadeiras e sustos ao longo da trilha.

Passávamos o dia inteiro na praia do Perequê-Mirim, situada em uma baía que impunha ao mar um comportamento pacato. Em geral, as ondas eram pequenas e permitiam que as crianças nadassem e se divertissem sem grandes riscos. O cardápio era multifacetado: pegar jacaré, mergulhar de snorkel, brincar com bote inflável, caçar caramujos, jogar bola, frescobol e taco — modalidade que terminava em briga com frequência. Cada neto tinha direito a um picolé por dia, o que só abria o apetite. Quando a fome apertava, corríamos para nossas mães, que nos observavam sentadas embaixo de uma grande árvore, com isopores carregados de sanduíches de pão de forma. "É mais fácil alimentar um elefante a pão de ló do que vocês", costumava dizer meu avô.

Na segunda metade das tardes, quando éramos obrigados a voltar para casa, zanzávamos de bicicleta pelas ruas de terra esburacadas. Éramos em, pelo menos, dez primos do clã Hübner, e nem sempre havia bike para todo mundo. Nessas horas, duplicávamos a capacidade de transporte, elegendo alguns para ir de pé na garupa. Fazia também parte da lista de itens de nossa programação de veraneio buscar argila nas bordas de um riozinho que vinha da serra e criar esculturas, quase sempre muito pouco originais — copos, cinzeiros e nada mais. Era também muito comum gastarmos tempo escalando a grande goiabeira nos fundos da propriedade. A cada ano, aumentávamos a altura da marca alcançada.

Com exceção das viradas de ano, em que pulávamos as ondinhas no raso à meia-noite, raramente íamos à praia após o pôr do sol. No entanto, lembro-me do dia em que minha tia Kênia nos convidou para observar as estrelas à beira-mar. Em poucos minutos, a tropa estava formada, aguardando ansiosamente para o início da marcha rumo à nova missão noturna. As condições meteorológicas eram as melhores possíveis: lua minguante e ausência de nuvens. Quase não havia luzes à vista e o local estava um breu absoluto. Nos deitamos na areia, colados um no outro para aliviar o medo, e mergulhamos numa experiência que marca o imaginário de qualquer criança. Passamos horas apontando para o céu e disputando quem via mais OVNIs (objetos voadores não identificados). Saímos convictos de que havíamos descoberto vários discos voadores e especulávamos sobre como seria um deles visto de perto. Começava ali meu fascínio pelo misterioso espaço sideral, suas galáxias, seus planetas e suas estrelas.

***

Já a caminho do centro de convenções, após me contar sua história, Eric não conteve a curiosidade e me perguntou por que eu estava usando uma cadeira de rodas. Ouviu atento meu resumo executivo, com a naturalidade de alguém que entendia a fundo de lesões provocadas por armas de fogo. Sem perguntar mais detalhes, contou-me que uma de suas filhas estava presente na sala de aula em que houve o massacre de Columbine. Em choque, sem saber muito bem o que dizer, lembrei-me do documentário produzido por Michael Moore, em que esse acontecimento trágico é minuciosamente narrado.

Em 1999, nove anos antes do meu encontro com Eric, dois alunos do Columbine High School implementaram um plano macabro que envolvia o uso de armas pesadas, bombas e outros dispositivos explosivos. Os jovens invadiram o colégio armados até os dentes e mataram doze alunos e um professor. Estava entre os mais de vinte feridos a filha de Eric, que recebeu sete tiros e, por obra de um milagre, conseguiu sobreviver, apesar de ter perdido alguns órgãos.

Permanecemos em silêncio por alguns segundos, até que Eric resolveu mudar de assunto: "Você aceitaria fazer um voo de gravidade zero?". Recuperei-me do baque gerado pela história de sua filha e não pude esconder a curiosidade provocada pelo convite. Ele explicou que a Space Adventures vendia vários produtos. O mais sofisticado era uma visita à Estação Espacial Internacional, laboratório que orbita o planeta Terra a mais de quatrocentos quilômetros de altura. Para realizar essa experiência, o cliente necessitava passar por um longo treinamento e estar disposto a decolar de um foguete russo, alugado pela empresa de Eric, cujo lançamento ocorria no Cazaquistão. Além de coragem e uma boa dose de maluquice, o sujeito precisava dispor de alguns milhões de dólares no bolso para arcar com a brincadeira.

Com intuito de atender a uma clientela menos abastada, a empresa também oferecia passeios chamados de Zero G — gravidade zero. Eles ocorriam com frequência e não exigiam grandes preparações. Um grupo de turistas embarcava em um Boeing, totalmente reformulado por dentro, que voava até o limite da atmosfera, e fazia mergulhos verticais. A queda livre provocava na tripulação um efeito físico de flutuação e ausência de peso, semelhante ao que os astronautas vivenciam no espaço. Eric explicou que os voos decolavam de Houston, Orlando e Las Vegas.

"Faço questão de te presentear com um voo. É só me dizer quando e deixamos agendado."

Sem pensar muito, e já sentindo a adrenalina só de me imaginar flutuando dentro de um Boeing depenado, fui logo abrindo a agenda, quando a freada do meu motorista anunciava que havíamos chegado ao local do evento. Eric despediu-se apressado, dizendo que nos veríamos em breve.

***

O complexo em que o encontro do Fórum Econômico Mundial ocorreria era suntuoso. Feito de aço e vidro, o pavilhão ocupava uma ampla área na periferia de Tianjin. Como sempre, a comunicação visual do Fórum era impecável. A logomarca da organização podia ser vista em todos os ambientes e carros, sempre com uma aplicação sóbria e bem diagramada. Várias viaturas e motocicletas da polícia local circulavam por toda a cidade, escoltando os ônibus destinados ao encontro sempre que transitavam entre os hotéis e o centro de convenções. Para acessar o edifício, todos precisavam ser inspecionados e passar por um equipamento de raio X, como nos aeroportos.

A programação criada para os membros do Young Global Leaders era intensa. Palestras, discussões em pequenos grupos, encontros com autoridades e happy hours recheavam a grade, que incluía também uma visita a uma escola pública chinesa. Durante essa atividade, assistimos a uma fala oficial de abertura proferida por Haakon Magnus, príncipe da Noruega. Seu rosto me parecia familiar e acabei me lembrando de que pegamos o mesmo voo, quando fui de Seul até Tianjin. Havíamos também nos cruzado no saguão do hotel, enquanto aguardávamos, lado a lado, a chegada dos ônibus no segundo dia do evento. Nessas ocasiões, eu sempre tentava ler o que estava escrito no crachá da pessoa para poder iniciar uma conversa sabendo pelo menos seu nome e sua origem. No caso dele, o crachá estava em movimento e só consegui ler "Noruega". Curiosamente, naquela época o Instituto Rodrigo Mendes contava com uma estagiária norueguesa, que havia sido contratada há alguns meses. A jovem falava com frequência sobre as histórias e os costumes de seu país. Até então, eu não fazia ideia de que estava ao lado de um príncipe e, sem cerimônias, para puxar assunto, soltei algo como "Noruega? Bacana, tenho atualmente uma estagiária nascida em Oslo que é muito eficiente e nos ensina várias tradições da Escandinávia". Provavelmente, ele não estava acostumado com tanta informalidade e reagiu com um sorriso simpático, antes de ser chamado por um de seus assessores.

***

Na segunda noite do evento, o governo chinês ofereceu um jantar para os participantes, antecedido de um show com músicos e dançarinos vestindo trajes típicos. Acabei me sentando em uma mesa grande, ao lado de um casal de negros que parecia ser bastante popular na comunidade dos YGL. Eu já tinha visto a foto do rapaz em vários materiais do Fórum Econômico Mundial. Estavam bem entretidos com a apresentação e sussurravam entre si. Ao final do jantar, após sua esposa deixar a mesa, ele se voltou gentilmente para mim e perguntou: "Então, você é do Brasil. O que você faz?". Engatamos em uma prazerosa conversa que terminou somente após as luzes começarem a se apagar no salão.

Tratava-se de John Hope Bryant, californiano que havia se tornado uma referência mundial no campo da educação financeira para segmentos sociais desfavorecidos. Após começar sua carreira como ator de TV, envolveu-se em uma ampla gama de iniciativas voltadas à redução da pobreza e combate ao racismo. Em 1992, logo após o término das manifestações e tumultos resultantes do caso de Rodney King — processo judicial que absolveu quatro policiais de Los Angeles acusados de espancar um cidadão negro, durante uma abordagem para prendê-lo —, John fundou a Operation Hope. A organização tem como missão eliminar a pobreza e promover a inclusão de pessoas que enfrentam condições econômicas precárias. Ao longo dos anos, Operation Hope beneficiou dezenas de milhões de norte-americanos. Na vida pública, ele atuou como conselheiro de equipes dos governos de George W. Bush e Barack Obama, sempre no papel de especialista em alfabetização financeira.

Antes de nos despedirmos, John disse em tom eloquente: "Sabe de uma coisa? Quero que você faça parte do meu livro. Estou entrevistando vários líderes e adoraria ter sua história nesse projeto". Trocamos contatos e fomos juntos em direção ao saguão de entrada do pavilhão. A noite estava bem fria e, logo após me encapotar com casaco, cachecol e gorro, olhei pelo vidro para entender a que distância estavam estacionados os veículos incumbidos de transportar os participantes. Não precisei procurar muito para localizar meu micro-ônibus, com James e o motorista sentados nos bancos da frente. Estavam encolhidos, indicando um desconforto térmico. Corri em direção a eles e me desculpei pelo horário tardio da minha partida.

Meses depois, participei de duas longas entrevistas conduzidas à distância por John e sua assistente. No ano seguinte, recebi em minha casa uma cópia impressa do livro *Love Leadership: The New Way to Lead in a Fear-Based World*.* Sem grandes pre-

---

* John Rope Bryant, *Love Leadership: The New Way to Lead in a Fear-Based World*. São Francisco: Jossey-Bass, 2009.

tensões, comecei a folhear a publicação até que, nas primeiras páginas, leio meu nome e um resumo de minha trajetória. Corri os olhos alguns parágrafos para cima e notei que a história do ex-presidente Bill Clinton estava registrada logo antes da minha. Constrangido, pensei: "John errou na mão". Sem falsa modéstia, eu preferia que ela estivesse em algum outro trecho mais discreto.

***

Participar dos encontros promovidos pelo Fórum Econômico Mundial me lembrava um pouco da sensação que eu tinha quando, ainda garoto, chegava à festa junina do colégio. A festa era enorme, repleta de barracas com brincadeiras imperdíveis, sem falar nas diversas rodas de amigos espalhadas pelo local. Eu nunca sabia muito bem por onde começar e, depois de escolher um destino, ficava sempre na dúvida se não estava perdendo algo melhor.

Eu era ainda bastante inexperiente na tarefa de selecionar painéis e, certas vezes, escolhia alguns sem grandes critérios. Numa dessas circunstâncias, entrei em uma plenária cujo palco estava ocupado por uma palestrante de pele bronzeada e cabelos castanhos cacheados. Comecei a prestar atenção em sua explanação, que já caminhava para o término, e percebi que o conteúdo girava em torno de alguma experiência extraordinária que ela havia vivido. Naquela época, redes abertas de wi-fi e smartphones conectados à internet ainda não eram comuns. Somente no hotel consegui um terminal de computador para pesquisar seu currículo.

A jovem chamava-se Anousheh Ansari. Em virtude de uma viagem feita à Estação Espacial Internacional, em 2006, tinha sido considerada a primeira turista espacial do sexo feminino. Após treinar por meses como cosmonauta-reserva da missão Soyuz TM-9, uma obra do acaso acabou antecipando sua proeza. Daisuke

Enomoto, passageiro principal, foi reprovado nos exames médicos finais, permitindo que Anousheh decolasse para uma estadia de nove dias na estação, acompanhada por dois astronautas. Tudo isso viabilizado por uma empresa chamada Space Adventures — sim, o empreendimento do meu carona. Eric Anderson era, de fato, um fenômeno da história aeroespacial.

Naquela noite, fomos convidados para assistir a uma palestra do ator Jet Li, que aconteceria em um hotel afastado do centro de convenções. Eu já estava jogando a toalha de cansaço, mas, após pensar que em poucos dias teria longas horas de voo para me recuperar, resolvi encarar o terceiro turno. Ao chegar à recepção e solicitar coordenadas sobre a palestra, notei um olhar de preocupação no rapaz que me atendia. Ele pediu um minuto e entrou no escritório localizado às suas costas, provavelmente em busca da orientação de um superior. Pouco tempo depois, surgiu o gerente do hotel, solicitando que eu o acompanhasse. Entramos por uma espécie de porta secreta, ao lado dos elevadores, e fomos andando por um emaranhado de corredores de serviço até chegarmos a uma rampa improvisada que terminava em um tablado com cortinas. Ele puxou com cuidado a extremidade de uma delas e fez sinal para que eu passasse.

Cheguei em uma sala que aparentava ser um camarim — com espelhos contornados por luzes amarelas e uma mesa cheia de frutas e sanduíches. Ao olhar para o lado, vejo Jet Li sozinho, sentado em uma poltrona. Cumprimentei-o, meio sem graça, e pedi desculpas pelo incômodo causado por minha repentina aparição. Ele reagiu com um sorriso, pediu que eu me aproximasse e puxou conversa, perguntando de onde eu vinha. Batemos um papo descompromissado por alguns minutos, até ele ser avisado que era hora de começar. Antes de se dirigir ao palco, me deu um abraço dizendo que esperava me encontrar um dia no Brasil. Só fui entender o que havia acontecido quando me dei conta de que a plateia não era acessível para um cadeirante.

**

Em 2002, logo após ter me desligado da Accenture e ter iniciado a implementação do plano de expansão do Instituto Rodrigo Mendes, decidi me inscrever em um mestrado que me certificasse para atuar como professor universitário — desejo que havia surgido durante a graduação. Conversei com alguns amigos que seguiram carreiras acadêmicas e todos me recomendaram optar pela Fundação Getúlio Vargas, o que já acelerava o processo, dado meu histórico de ex-aluno. O curso acabou me demandando mais tempo do que eu imaginava, mas, aos trancos e barrancos, consegui conciliá-lo com meu trabalho à frente do IRM. Dessa vez, o status de pós-graduando me propiciava a regalia de ter uma sala própria na biblioteca da escola, com um computador e uma maca para fazer meus exercícios rotineiros.

Apesar de algumas aulas sobre gestão parecerem repetitivas, certas disciplinas justificaram o tempo e o esforço. De longe, a melhor delas foi dada durante um programa de inverno para o qual a FGV convidou Gideon Kunda, da Universidade de Tel Aviv. Nascido em Israel, Kunda tinha sido orientando de Edgar Schein, importante professor do Instituto de Tecnologia de Massachusetts (MIT), e responsável por estudos seminais sobre cultura organizacional nos anos 1980. Ao contrário da maioria dos professores, não usava apresentações de powerpoint em suas aulas e raramente escrevia algo na lousa. Mesmo assim, capturava a atenção de toda a turma, que ouvia magnetizada suas histórias e argumentações. Segundo ele, para desvelarmos a cultura de um grupo e entendermos seus valores subjacentes, precisamos desviar o olhar do palco e apontar nosso radar para os bastidores.

Acabamos ficando bem próximos durante aquele mês de julho, cujo frio intenso parecia nem triscar a pele de Kunda, que mal usava blusa. Imaginando que ele adoraria observar de perto os fenômenos que permeiam a rotina de um grande time de futebol — prato cheio para quem estuda cultura, mitos e rituais — entrei em contato com meu ex-treinador de remo, Ricardo Rosa, que havia migrado sua carreira para o departamento de futebol do Corinthians e vinha se destacando como preparador físico principal. Sempre muito animado, ele abraçou de cara meu pedido e agendou uma visita à concentração da equipe.

Ao chegarmos no hotel em que os jogadores estavam hospedados, eu e Kunda fomos recepcionados por Geninho, então técnico do time. Nos sentamos no sofá do saguão e começamos a conversar despretensiosamente, até que Kunda decidiu incorporar sua faceta de pesquisador, tirando de dentro do bolso da camisa um bloquinho e fazendo uma série de perguntas. Geninho ouvia atento e, quando a pergunta do meu professor terminava, olhava na minha direção pedindo ajuda para a tradução do inglês com forte sotaque israelense.

No sábado seguinte, levei Kunda para assistir ao jogo do Corinthians no estádio do Pacaembu. Ficamos em um setor da arquibancada bem próximo ao banco de reservas, o que nos permitia captar cada gesto e comando dado por Geninho. Kunda parecia estar em êxtase e, durante um momento quente do jogo, apertou meu braço e disse, com os olhos mirando o gramado: "A gente precisa sempre se perguntar o que está acontecendo por trás das cortinas, Rodrigo".

***

Às vésperas de minha despedida da China, resolvi sair um pouco daquela redoma de proteção propiciada aos participantes do evento. Conforme um jornalista mexicano havia comentado comigo, aquilo tudo parecia um grande espetáculo, com cenários e roteiros muito bem planejados. A sensação era de que, quando todos partissem, o show seria desmontado e as pessoas voltariam à sua rotina. Naquele sábado, acordei cedo e fui desbravar a cidade a pé. Até então, o máximo que tinha feito era atravessar a avenida em frente ao hotel e comprar guloseimas em um mercado, cujo açougue oferecia carnes de animais que eu desconhecia. A comida servida no hotel e na conferência era convencional e não incluía receitas regionais. Eu estava curioso para provar algo mais autêntico.

Após me afastar alguns quarteirões para trás do Best Western Tianjin Juchuan, notei que havia uma feira, semelhante às feiras de rua no Brasil, sob uma espécie de galpão aberto nas laterais. O local estava lotado e não havia nenhum banner com o logo do Fórum Econômico Mundial à vista. Conforme fui penetrando naquele formigueiro, notei que as pessoas me olhavam com estranheza. Inevitavelmente, meu rosto ocidental e minha cadeira de rodas caracterizavam-me como um outsider. Dada a correria daqueles dias, não tinha comprado moedas chinesas e meu único meio de troca eram cédulas de cinquenta dólares. Logo que parei em uma barraca para perguntar à vendedora o preço de uns pequenos tambores, a cena da minha primeira tentativa de interação com o motorista do micro-ônibus se repetiu. Percebi que eu precisaria recorrer ao James, que não saía do meu lado feito um guarda-costas.

Quando já estava de saída da feira, carregando uma caixa com mini-instrumentos musicais, algumas lanternas que não dependiam de pilhas e uma família de Matrioskas* não russas, reparei em uma pequena barraca que vendia espadas. Lembrei-me das poucas aulas de kung fu que tive quando adolescente e das lendas a respeito dos mestres chineses que haviam levado essa arte marcial ao Brasil. Nunca me esqueço do dia em que meu professor, o respeitado mestre Chan Kwok Wai, fez aniversário e recebeu um bolo com cinquenta velas. Após cantarmos os parabéns, ele fixou os olhos no bolo, recolheu o braço e deu um golpe no ar, fazendo com que todas as chamas se apagassem. Diziam, também, que ele quebrava pilhas de tijolos com socos fulminantes dados com a lateral da mão. Os objetos que mais me atraíam na academia eram, sem dúvida, as espadas penduradas na parede.

Não pude me conter e encostei na mesa que expunha uma linda coleção de sabres, todos forjados à mão, com ornamentos em tecido vermelho. Quando fui pedir auxílio a James, ele se aproximou visivelmente preocupado: "O senhor não está pensando em comprar armas, certo? Recomendo que não faça isso, pois não posso me responsabilizar pelo que acontecerá no aeroporto, quando as malas forem despachadas". Recordei-me de que meu retorno tinha escala em Nova York, onde eu ficaria por dois dias antes de seguir para o Brasil. Minhas experiências com os oficiais da polícia federal no aeroporto JFK estavam longe de ser agradáveis — cheguei a ser brutalmente levantado da cadeira numa das ocasiões em que passava pelo raio X. Para desespero de James, imaginei: "Estará dentro da mala e tudo correrá bem". Retornei ao hotel já pensando em acelerar o check-out, acompanhado por uma respeitável espada pendurada nas costas.

---

* Pequenas bonecas de madeira, típicas da cultura russa, que se encaixam uma dentro da outra.

O despacho da bagagem no aeroporto transcorreu sem complicações. Antes de me direcionar ao portão de embarque, olhei para a parede lateral, que tinha um pé-direito muito alto, e vi a logomarca dos Jogos Olímpicos de Pequim, encerrados há poucos meses. Lembrei-me da majestosa cerimônia de abertura, no estádio Ninho do Pássaro, e da grandiosidade transmitida ao mundo.

Naqueles poucos dias que passei na China, vivi momentos que impactariam profundamente os próximos episódios de minha jornada. Abracei James, que não disfarçava o choro, agradeci seus preciosos serviços e parti grato às pessoas que tinham me indicado para o processo seletivo do YGL. Até hoje não sei quem foram.

***

Um dos primeiros cursos de formação de educadores que o Instituto Rodrigo Mendes promoveu fora de São Paulo ocorreu na charmosa Ouro Preto — cidade que eu havia visitado somente uma vez, durante uma viagem do colégio, quando estávamos no oitavo ano do ensino fundamental. A ação foi organizada com a secretaria de educação local, e atenderia a um grupo de trinta professores e gestores escolares.

Ouro Preto fez parte do grupo de cidades mineiras de onde foram extraídas centenas de toneladas de ouro no século XVIII, enviadas posteriormente à Coroa portuguesa. É surpreendente pensar que, nesse período, o município assumiu a posição de mais populoso da América Latina, chegando a ter duas vezes mais habitantes que Nova York. Sua topografia, extremamente acidentada, e a superfície de paralelepípedos das vias públicas fazem com que, até hoje, a circulação a pé seja uma tarefa nada simples, mesmo para atletas. Em certos trechos, sentia que meu carro não estaria seguro caso precisasse estacioná-lo no meio-fio, dada a assustadora inclinação das ruas. Definitivamente, andar com uma cadeira de rodas não era uma opção. A todo tempo, eu era carregado até o interior do ambiente a que precisava chegar. Alguém do meu time brincou que o tempo das liteiras havia voltado.

Aquela semana de trabalho intenso em Ouro Preto, em que eu precisei transitar por vários espaços, acabou se transformando em uma ferramenta de ilustração do modelo social de deficiência lançado pela Organização das Nações Unidas (ONU), em 2006. Segundo ele, a condição de deficiência é definida por duas variáveis, que se inter-relacionam: os impedimentos clínicos que estão na pessoa — físicos, intelectuais, mentais, visuais e auditivos — e as barreiras existentes no entorno do respectivo indivíduo. Essas, por sinal, aparecem em várias dimensões do nosso cotidiano, como a arquitetura dos espaços físicos, os meios de comunicação, os transportes públicos, as salas de aula, os ambientes de trabalho e assim por diante.

Caso esses obstáculos sejam eliminados, a deficiência é minimizada sob o ponto de vista de uma condição social. Um paratleta cadeirante que mora em Ouro Preto, por mais bem fisicamente preparado que esteja, dificilmente conseguirá ter autonomia na sua mobilidade, tendo em vista a elevada quantidade de barreiras presentes na cidade. No entanto, se esse mesmo personagem estiver vivendo em um local cujo planejamento urbano contempla normas de acessibilidade — como Copenhagen, capital da Dinamarca —, muito provavelmente ele desfrutará de autonomia, mesmo que seu impedimento físico continue sendo o mesmo.

Passei por Copenhagen em 2012, quando fui participar de um encontro da Agência Europeia para a Educação Inclusiva. A facilidade com que me desloquei, por exemplo, do aeroporto até a estação de trem — trajeto em que não enfrentei qualquer tipo de obstáculo — traduz um pouco desse conceito proposto pela

ONU. É claro que não precisamos organizar uma onda migratória para a Dinamarca, com o objetivo de coletivizar uma melhor qualidade de vida. Pelo contrário, acho a referência útil para demonstrar que políticas públicas bem concebidas podem mudar completamente o nível de independência das pessoas, seja qual for o canto do planeta em questão. Até os anos 1960, Copenhagen estava longe de ganhar algum prêmio por acessibilidade. O mesmo ocorreu com Nova York, que passou a incorporar normas de acessibilidade somente após a rigorosa legislação criada nas décadas seguintes. Por outro lado, vale esclarecer que eu escolhi o exemplo de Ouro Preto para fins meramente ilustrativos. A irregularidade de sua topografia é tão aguda que, mesmo os mais talentosos arquitetos terão que fazer chover para transformá-la em uma cidade sem barreiras. Isso não justifica jogarmos a toalha antes de tentarmos, mesmo em situações aparentemente insolúveis.

***

Os cursos oferecidos para escolas públicas proporcionavam ao IRM um vasto horizonte de oportunidades e potencial de impacto. Nosso entusiasmo aumentava a cada nova cidade que nos procurava querendo nos contratar. Eu sabia que estávamos plantando algo muito promissor para o futuro e fazia questão de acompanhar pessoalmente boa parte das aulas. Um fato que havia chamado minha atenção, desde a primeira turma no Butantã, era a existência de experiências inclusivas muito bem-sucedidas, relatadas pelos professores. Todos eram orientados a redigir um relato sobre alguma situação em que tivessem criado alternativas pedagógicas para conseguir ensinar um aluno com deficiência na sala de aula comum. Muitas das narrativas expressavam inovação e competência para o endereçamento desse tipo de desafio.

Considerando que a maioria dos professores com que nos relacionávamos se sentia insegura e sem conhecimento suficiente para atender estudantes com impedimentos clínicos, aquelas histórias me pareciam muito valiosas. Mesmo sabendo que práticas pedagógicas exitosas não devem ser vistas como receitas perfeitas, passíveis de mera reprodução — princípio básico da educação inclusiva —, eu acreditava que aqueles relatos poderiam ser de grande utilidade para a desconstrução de resistências e a sinalização de caminhos para outros educadores. No entanto, eles ficavam restritos à sua respectiva instituição de ensino e raramente eram compartilhados com os outros membros da própria equipe.

Comecei a pensar na criação de um portal que atuasse como uma biblioteca sobre boas práticas de educação inclusiva — um espaço virtual em que qualquer professor pudesse encontrar um acervo de estratégias pedagógicas exemplares, desenvolvidas por profissionais de diferentes regiões e escolas. Gastei algum tempo verificando se já havia iniciativas similares e não encontrei nada que se aproximasse dessa proposta. Passei a cultivar a ideia de uma casoteca, conversando com especialistas e conselheiros.

***

Além de participar de conferências memoráveis ao redor do mundo, os membros do Young Global Leaders tinham a oportunidade de ingressar em programas executivos promovidos por universidades de renome. Em 2009, por exemplo, ganhei uma bolsa para integrar uma turma formada por cinquenta colegas do YGL, em um curso oferecido pela Escola de Governo Kennedy, na Universidade Harvard. O grupo contemplava jovens de dezenas de países, e parte deles já ocupava posições de grande responsabilidade, como era o caso do ministro da Economia da Argentina, da ministra das Finanças de Singapura e de uma conselheira do primeiro-ministro da Palestina. O foco do curso era liderança e políticas públicas para o século XXI. Poder frequentar as salas de aula dessa lendária universidade, por si só, já era uma experiência emblemática. Minhas expectativas eram as maiores possíveis.

Tínhamos aulas o dia inteiro, complementadas por palestras em algumas noites. Durante o café da manhã, nos separávamos em grupos para discutir questões mais íntimas de nossas trajetórias, como desafios e entraves que cada um vinha enfrentando na vida profissional e pessoal. Tive a sorte de cair em um grupo com três mulheres muito inteligentes, cujas carreiras eram bem contrastantes: Lila Ibrahim, alta executiva da Intel; Nancy Lublin, presidente da Do Something; e Kate Garvey, ex-assessora do primeiro-ministro britânico Tony Blair. Um dos exercícios propostos para esses encontros era a reconstituição de nossa linha do tempo e a sinalização dos fatos que haviam sido marcos significativos. Chamava-nos a atenção a quantidade de episódios que representavam mudanças por imposição em cada uma de nossas biografias.

O programa do curso era bastante abrangente e abordava temas centrais no campo de políticas públicas para os desafios do mundo contemporâneo. Sempre dinâmicas, as aulas promoviam constante participação dos alunos e nos cativavam com análises profundas de momentos históricos que havíamos acompanhado de perto quando adolescentes. A explosão do ônibus espacial Challenger, que eu assisti pela TV quando tinha catorze anos, e o intrigante Caso Irã-Contras, que revelara o envolvimento da CIA no tráfico de armas norte-americanas para o Irã — com parte dos lucros destinada ao financiamento de rebeldes anticomunistas na Nicarágua na década de 1980 —, foram alguns dos fatos abordados.

***

Em 1635, quando os Estados Unidos eram ainda uma colônia inglesa, a cidade de Boston decidiu criar a primeira escola pública da América, a Boston Latin School. O objetivo era estabelecer no novo mundo uma instituição voltada à formação de ministros e líderes. Seus fundadores compartilhavam a crença grega de que "as únicas coisas boas são os bens da alma" e construíram um currículo centrado no campo das ciências humanas. Vários personagens proeminentes da história norte-americana foram alunos da escola. Para se ter uma noção, dos 56 signatários da Declaração da Independência dos Estados Unidos, cinco passaram pela Boston Latin School. Dentre eles, estava Benjamin Franklin, um dos redatores da declaração, que frequentou a escola até os dez anos, quando interrompeu os estudos para trabalhar em um negócio da família.

Ouvi esse episódio em uma das mais valiosas aulas do curso em Harvard, ministrada pelo professor Fernando Reimers. Foram horas seguidas sobre a história da educação no mundo, o contexto atual e os desafios para o futuro. Minha atenção foi totalmente capturada por tudo que ouvia, não só por se tratar da área para a qual canalizei minha carreira, mas pelo estilo dinâmico de Reimers. A aula já começava com uma série de enquetes sobre o cenário global da educação. Os gráficos com as respostas da turma, projetados em tempo real, revelavam o incipiente conhecimento sobre esse tema, apesar do alto nível intelectual do grupo. A todo tempo, Reimers nos desafiava fazendo perguntas sobre o que cada um de nós proporia para solucionar certos entraves relativos à promoção da equidade educacional em escala.

Ao final daquela manhã, me dirigi a Reimers para elogiar a brilhante aula e entregar um artigo que eu havia escrito para Klaus Schwab, fundador do Fórum Econômico Mundial. Sempre muito atencioso, Reimers quis saber qual era o foco do meu trabalho e meus planos para os anos seguintes, e me convidou para fazer uma palestra a um grupo de alunos da Escola de Pós-Graduação em Educação de Harvard (HGES). No dia seguinte, lá estava eu na entrada do prédio — situado a algumas quadras da Kennedy School —, entusiasmado para conhecer a Meca da pedagogia naquele cantinho do mundo. Minha apresentação acabou sendo o início de uma série de ações que desenvolvi com a HGES a convite de Reimers: um seminário sobre práticas exitosas de educação inclusiva, palestras em outros eventos de Harvard e dois estudos de caso — que gerariam impactantes desdobramentos no meu futuro —, são alguns exemplos.

Fernando Reimers tornou-se o melhor mentor que eu poderia ter encontrado. Seu raciocínio afiado, a amplitude do seu conhecimento e sua capacidade de estabelecer articulações com profissionais de todas as regiões do planeta já seriam predicados para posicioná-lo no topo do ranking dos mestres que conheci. Soma-se a esse leque de qualidades sua admirável generosidade com seus alunos, pares e amigos. Desde que nos conhecemos, passou a ser raro algum mês em que ele não tenha me propiciado conexões com especialistas e lideranças dedicados a promover equidade na educação.

***

Pode parecer clichê, mas o curso em Harvard representou um marco na minha rota de navegação. Além de todos os bônus previsíveis — respirar o ar de ambientes por onde passaram ícones da história, beber novos repertórios em aulas proferidas por craques no ofício de ensinar e assistir à beleza de equipes de remo treinando no rio Charles —, tive uma epifania que chega a soar óbvia, mas que eu nunca havia sentido de forma tão verdadeira. Estávamos tendo aula com Joseph Nye — que atuou como presidente do Conselho Nacional de Inteligência durante o governo de Bill Clinton — sobre o conceito de *soft power* [poder brando ou suave]. Segundo ele, *power* é a habilidade de um país de influenciar o comportamento de outro, de forma a obter os resultados que deseja. Existem diferentes formas de se alcançar isso. O Estado pode ser coercitivo e se valer de ameaças, induzir por meio de pagamentos ou cooptar a outra parte para que ela deseje o que ele deseja. Essa terceira estratégia, nomeada por Nye de *soft power* ou *second face of power* [segunda face do poder], baseia-se na cultura, nos valores e nas políticas externas do país. Tais conceitos estavam sendo explorados para contextualizar a eminente perda do posto de maior economia do mundo pelos Estados Unidos.

Eu estava bastante entretido com a argumentação, até que resolvi dar um *zoom out* e observar a cena sob outro ponto de vista. Cinquenta alunos, com aparências variadas, oriundos de diversos países, sentados em uma sala de aula no formato de um miniauditório — cada um com uma plaquinha à frente, que informava seu nome e o país de origem —, discutindo temas que envolviam cooperação global. Fiquei com a sensação de que o modelo de nações independentes, separadas por fronteiras inventadas pelo ser humano, cada uma querendo puxar a brasa para sua sardinha, não iria se sustentar por muito tempo.

A significativa descentralização do acesso à informação e os riscos de uma profunda crise ambiental constatados nas últimas décadas haviam tornado a interdependência das pessoas ainda mais acentuada. Poder bélico, econômico e geográfico não seriam suficientes para proteger nenhum império das encrencas que viriam de um eventual aumento da temperatura média do planeta ou da disseminação de alguma doença ainda sem tratamento disponível. Fiquei pensando na magnitude do conceito que originou a Organização das Nações Unidas e na utopia de um planeta totalmente integrado, onde não houvesse a necessidade de passaportes com diferentes cores e formatos. Uma espécie de "mercado comum global", que adotasse a mesma moeda e fosse regido por uma constituição internacional, uma carta de princípios universais.

Logo que a aula terminou, me dirigi a Joseph Nye para perguntar qual era o horizonte de tempo adotado pelo planejamento das políticas externas dos Estados Unidos. Após alguns segundos de silêncio, com uma expressão de dúvida no rosto, respondeu que girava em torno de dez anos. Rebati perguntando se não valeria a pena pensar em cenários e ações que considerassem o futuro da humanidade, mirando cinquenta ou até cem anos adiante. Nye reagiu com um sorriso meio misterioso, dizendo que minha pergunta deveria ser feita por mais gente. Meu momento naïf precisou tirar o cavalinho da chuva poucas horas depois, quando conversei com um de meus colegas de turma, que havia trabalhado muitos anos na ONU. Suas duras críticas à burocracia em abundância e à ineficiência que haviam tomado conta da organização trouxeram-me de volta à dura realidade. Mesmo assim, preferi proteger aquela sensação estimulante de ter imaginado, por alguns instantes, um panorama esperançoso para o futuro do planeta.

Na minha última tarde em Cambrigde, antes de me direcionar ao aeroporto, pedi para o motorista do táxi passar na School Street, número 27. Ao parar o carro e apontar para o respectivo imóvel, pude presenciar a fachada de uma das instalações da Boston Latin School. Foi emocionante pensar que aquele pequeno prédio de tijolinhos havia inaugurado a construção de uma das maiores redes de ensino do mundo 375 anos antes. E ainda funcionava como uma escola pública.

***

Comecei o ano de 2010 decidido a tirar da gaveta o plano de lançar uma plataforma sobre boas práticas de educação inclusiva: a casoteca. Eu estava dedicado a escrever o primeiro livro do Instituto Rodrigo Mendes e sentia que o momento era propício para que déssemos novos passos relacionados à ambição de produzir conhecimento de ponta. A resistência quanto ao atendimento de crianças com deficiência em escolas comuns ainda era imensa nas redes de ensino e minha percepção de que exemplos concretos, bem-sucedidos, poderiam desempenhar um papel relevante só aumentava.

Eu havia participado recentemente de um seminário sobre multissensorialidade, promovido pelo Metropolitan Museum of Art, em Nova York, em que tive a chance de conhecer novos educadores engajados com a temática da inclusão. Além de apresentarmos nossas experiências, visitamos vários espaços culturais com atividades que incorporavam recursos de acessibilidade. A todo tempo, eu aproveitava os intervalos para sondá-los sobre a utilidade de um acervo de casos exitosos e praticamente todos respondiam positivamente.

Nesse período, recebi uma mensagem de Fernando Reimers, dizendo que estava organizando um evento sobre o futuro da educação e gostaria que eu participasse com uma apresentação sobre inclusão escolar. A iniciativa fazia parte de um programa voltado a líderes em transição de carreira e envolvia diversas unidades da Universidade de Harvard. Poucos meses depois, pousei novamente em Boston para reencontrar meu mentor e perseguir meios para viabilizar meu projeto.

O evento acabou sendo sob medida. Além de painéis com conferencistas gabaritados, a agenda contava com outras atividades para a integração do grupo. Ao final da primeira noite, fomos convidados para um jantar em um dos prédios mais antigos da universidade. Para minha sorte, acabei me sentando ao lado de Rosabeth Moss Kanter, professora da Escola de Negócios de Harvard com vasta experiência na elaboração de estudos de caso. Comentei rapidamente sobre meu plano da casoteca e pedi conselhos sobre como produzir textos de qualidade nesse universo. "Busque fazer com que o leitor se pergunte: 'O que eu faria?'", recomendou Rosabeth, num tom quase eufórico.

Ainda naquela noite, pude dividir meu projeto com Stanley Litow, presidente da Fundação IBM. Havíamos integrado o mesmo painel durante o seminário e tinha me chamado a atenção sua explanação sobre o potencial que a tecnologia oferecia para cooperações internacionais entre organizações que atuavam no campo da educação. Ele se colocou à disposição para colaborações e ficamos de conversar novamente em seu escritório, em Nova York. Voltei para o Brasil com a convicção de que encontraria os parceiros necessários para lançar a plataforma no ano seguinte. Batizei-a provisoriamente com o codinome Projeto Reimers.

***

Diante da pretensão do Instituto Rodrigo Mendes de alcançar abrangência nacional nos impactos gerados por seus programas, eu sentia que já era hora de nos aproximarmos do Ministério da Educação (MEC). Nossas parcerias com secretarias municipais estavam crescendo a cada ano, mas precisávamos de uma catapulta com maior envergadura. Agendei uma reunião com Maria Lucia Meirelles Reis e Priscila Cruz, grandes amigas que estavam à frente do Todos Pela Educação (TPE), tendo em vista que transitavam com frequência pelas várias instâncias do poder público.

Fundado em 2006, o TPE tinha como objetivo propiciar melhorias na qualidade da educação oferecida pelas escolas por meio do monitoramento de metas acordadas com o MEC. Eu vinha participando do movimento desde sua gênese, quando um grupo de influentes lideranças do setor privado, capitaneado pelos filantropos Milú Villela e Luis Norberto Pascoal, decidiram se reunir para somar esforços e impulsionar articulações capazes de viabilizar tal ambição. Como sempre, Maria Lucia e Priscila foram muito eficientes e agendaram uma reunião com Pilar Lacerda, secretária de educação básica do ministério, que gentilmente me recebeu em seu gabinete e, de imediato, tornou-se uma fiel parceira da proposta da plataforma.

Lançamos o projeto em outubro de 2011, durante um evento em Brasília promovido pelo ministério. Tratava-se de um encontro entre os secretários de educação dos 150 maiores municípios do país, que tinha como finalidade apresentar novos programas e oferecer apoio a esses gestores. Pilar nos ofereceu um espaço de destaque, destinando todo o período da manhã do primeiro dia do evento para a inauguração de nossa casoteca, que assumiu o nome de Diversa. Aquela era uma oportunidade de ouro para a projeção do IRM e, por semanas, cuidei de cada detalhe para que nossa estreia fosse a melhor possível.

Poder falar para um grupo tão seleto de lideranças da educação brasileira, por si só, já era um inestimável presente. O momento tornou-se ainda mais grandioso quando recebi a notícia de que Fernando Reimers, o grande mentor do projeto, aceitara meu convite para fazer a palestra de abertura. Tudo correu de forma impecável e, ao final da tarde, Reimers e eu fomos recebidos pelo ministro da Educação, Fernando Haddad.

Havíamos dado a largada com um respeitável megafone propiciado pelo poder de influência do MEC. Nosso desafio era, então, manter a cadência das remadas até o término daquela regata que, na minha cabeça, era representado pelo momento em que o Diversa fosse conhecido por educadores dos mais de 5 mil municípios brasileiros. Motivação e disposição para trabalhar não nos faltavam.

***

Pousei em Rio Branco de madrugada, acompanhado por uma equipe de produção audiovisual liderada pelo documentarista Max Alvim. Nossa missão era produzir o primeiro estudo de caso do projeto Diversa, e estávamos bem ansiosos com o que a capital do Acre nos reservava. Com base em uma lista de indicações elaborada pelo MEC, decidimos apostar nossas fichas em uma escola da periferia da cidade chamada Clarisse Fecury, que havia sido premiada pela qualidade do atendimento às crianças com deficiência moradoras do seu entorno.

Fomos recepcionados pela diretora Iran Saraiva, com quem vínhamos conversando à distância nas semanas anteriores, de maneira a nos preparar para a produção do filme. Visando entender e registrar as ações que haviam tornado a escola uma referência nacional de educação inclusiva, agendamos uma maratona de conversas que englobavam profissionais da secretaria de educação, coordenadores pedagógicos, professores, alunos e familiares.

Enquanto caminhávamos pelos corredores ensolarados, fui surpreendido por uma menina, na faixa dos oito anos, que se aproximou e disse: "Posso te dar um abraço?". Ao responder que sim, a pequena aluna me envolveu carinhosamente com seus braços e partiu em disparada, rumo ao pátio. Imaginei que ela buscava demonstrar receptividade ao forasteiro de São Paulo. Horas mais tarde, vivenciei uma cena semelhante, mas dessa vez o gesto veio de uma professora. Na tentativa de decifrar melhor a cultura local, fiquei sabendo que o abraço é um hábito corriqueiro na região.

A escola funcionava em um imóvel térreo, de aparência humilde, mas muito acolhedor. Tudo parecia ser extremamente bem cuidado e transmitia uma sensação de aconchego. Suas salas de aula eram frequentadas por cerca de seiscentas crianças, das quais trinta tinham algum tipo de deficiência. Sávio, por exemplo, havia nascido com paralisia cerebral e convivia com vários impedimentos relacionados a sua mobilidade e comunicação. Isso não o privava de participar das aulas com seus colegas do primeiro ano. Como complemento, no período da tarde Sávio era atendido por uma dupla de professoras especializadas em oferecer apoio a estudantes com deficiência. O papel dessas profissionais era atuar com os demais docentes, no sentido de planejar as aulas de acordo com as características de cada turma. Isso pressupunha incorporar estratégias pedagógicas que proporcionassem a toda criança acesso ao conteúdo curricular. Além disso, a escola dispunha de um cuidador que oferecia suporte para questões de higiene e alimentação, quando necessário.

Conversei com Maria da Silva, mãe de Sávio, que se mostrava muito aliviada por ter conseguido uma vaga para seu filho na Clarisse Fecury. Tendo em vista que morava no extremo oposto da cidade, no ano anterior havia matriculado o filho em outra unidade de ensino, situada na sua vizinhança. No entanto, o atendimento deixara muito a desejar. Com frequência, Sávio era largado no canto da sala e as professoras não se esforçavam para incluí-lo nas atividades. Ciente dos direitos do filho, Maria adaptou sua bicicleta com uma espécie de cadeirinha soldada na frente do guidão, de forma que pudesse transportar o garoto todos os dias, apesar da longa distância.

Outro diferencial marcante da escola era o fato de ter incorporado a língua brasileira de sinais (Libras) como uma disciplina oficial do currículo, oferecida a todos os alunos. Iran tomou essa decisão logo que percebeu a chegada de crianças surdas. Preocupada em garantir que elas pudessem se comunicar com todas as pessoas, a diretora não se limitou a solicitar intérpretes para a secretaria da educação. Tive a chance de conversar com alguns alunos que relataram achar muito divertido aprender a usar os sinais. Os colaboradores da escola e familiares dos alunos também desfrutavam dessa oportunidade por meio da participação em oficinas realizadas no final do dia. "Nós somos uma escola bilíngue!", afirmava Iran com orgulho.

Um dos segredos por trás desse bem-sucedido modelo era o tempo reservado para o planejamento das aulas. Todos os dias, de segunda a sexta-feira, os professores participavam, juntos, de uma reunião de uma hora exclusivamente voltada para essa finalidade. Cada dia da semana era dedicado a uma série. Com isso, dispunham de tempo para discutir as particularidades das turmas e criar ações alternativas, quando necessário.

A atitude de Iran trazia, também, pistas sobre as razões que faziam da escola um exemplo. Quando assumiu o cargo de direção, apesar de uma sólida carreira como educadora, ainda não tinha atendido alunos com alguma deficiência. Assim que observou a presença de crianças pertencentes a esse segmento na escola, decidiu arregaçar as mangas e estudar a fundo a temática. Tudo o que aprendia, dividia com sua equipe. Ao mesmo tempo, bateu na porta do secretário de educação para reivindicar todos os serviços de apoio previstos pela legislação vigente.

Graças à persistência da diretora, a Clarisse Fecury passou a dispor de uma série de recursos que se mostravam imprescindíveis para que a instituição desse conta do recado. Sávio, por exemplo, não poderia ter contado com o suporte do cuidador e das professoras especializadas se não fosse pela liderança de Iran. "Ela chegou a abrir mão da própria sala para que a escola tivesse um espaço de apoio complementar a esses estudantes. Mudou sua mesa para nossa sala e trabalha ao nosso lado, sem se queixar", contou-me uma das coordenadoras pedagógicas, durante a entrevista.

No último dia de gravações, o diretor do documentário decidiu fazer algumas tomadas da fachada da escola. Pediu que Iran e eu nos posicionássemos em frente ao portão de entrada, enquanto filmava por diversos ângulos, tentando aproveitar a imagem do pôr do sol. Nesse momento, reparei que Maria da Silva acabara de sair, pedalando sua bicicleta. Na altura de seu tórax, lá ia Sávio acomodado em sua poltrona panorâmica. Sua irmã pequena era a terceira passageira, sentada na garupa. A imagem do trio foi se distanciando até desaparecer na linha do horizonte. Tornou-se a cena final do documentário.

***

Logo nos primeiros meses de existência, o Diversa estava sendo acessado por usuários de várias partes do Brasil e de outros países. As políticas públicas voltadas à inclusão escolar vinham se fortalecendo, e o volume de profissionais em busca de cursos sobre como atender alunos com deficiência em salas de aula comuns crescia a cada ano. No entanto, tínhamos consciência de que levaria um bom tempo para que conseguíssemos alcançar todos os cantos do país. Era notório que nosso programa de formação precisava ganhar musculatura.

Até então, tínhamos experimentado somente o modelo presencial, com turmas de trinta profissionais, que se deslocavam de suas escolas até um dos espaços que utilizávamos para realizar as aulas. Considerando que a educação básica no Brasil engloba cerca de 2 milhões de professores — e que todo docente, em alguma medida, precisa de conhecimento sobre educação inclusiva para que essa concepção se torne a regra das redes de ensino —, nossas ações formativas não estavam fazendo sequer cosquinhas no contexto que pretendíamos transformar.

Oportunamente, o Instituto Camargo Corrêa (ICC), principal agente financiador do Diversa em seu primeiro ano de operação, nos pediu apoio para atender a uma demanda que caiu como uma luva. Eles vinham canalizando seus investimentos para os municípios em que estavam instaladas as plantas do grupo Camargo Corrêa. Uma das estratégias de aplicação dos recursos era apoiar as secretarias de educação dessas cidades fazendo com que o negócio gerasse valor também para as comunidades locais. Diante de sua preocupação, o ICC encaminhava um questionário detalhado para cada secretaria. "Saber como ensinar crianças com deficiência tem sido uma das três prioridades identificadas", revelou o diretor do instituto.

Deveríamos pensar em uma solução que atendesse a, pelo menos, dez municípios espalhados nas regiões Sudeste e Nordeste. Mesmo que tivéssemos sinal verde para um orçamento de porte, realizar cursos presenciais em cada uma dessas localidades simultaneamente envolveria uma logística absurda, com grande risco de dar com os burros na água. Coincidentemente, o irmão de Fátima Albuquerque, uma das lideranças do Instituto Rodrigo Mendes, acabara de ser contratado por uma empresa de ensino à distância que utilizava o sinal de um satélite com capacidade de transmissão para qualquer região do país. Bastava que a rede de ensino receptora tivesse uma antena parabólica instalada. Sabíamos que o Ministério da Educação havia fornecido tal infraestrutura a todos os municípios brasileiros, o que tornava factível implantarmos um curso semipresencial desenhado para atender ao pedido do ICC.

A ideia acabou vingando. Em meados de 2012, demos início a um curso que inaugurou uma nova etapa do programa de formação do instituto. A grande novidade era podermos vislumbrar uma escala inimaginável no formato presencial. Cada uma das dez cidades participantes tinha a responsabilidade de selecionar trinta profissionais de suas redes de ensino. Os critérios de seleção envolviam a presença de alunos com deficiência nas escolas onde cada profissional atuava e a disponibilidade de tempo para a realização do curso. O estúdio de transmissão ficava em Belo Horizonte, o que nos impunha a necessidade de viajar toda semana para Minas Gerais. As aulas duravam três horas e eram assistidas em tempo real pelos participantes, que se reuniam em espaços preparados pela secretaria de educação de cada cidade.

Fiz questão de acompanhar pessoalmente as primeiras aulas. Chegávamos a BH na quarta-feira à noite para estar a postos no estúdio na quinta-feira, logo cedo, quando começava a transmissão. Ao longo do curso, cada participante precisava realizar um diagnóstico de sua escola em relação ao atendimento oferecido aos alunos com deficiência. Com base nesse retrato, eram orientados por nossa equipe a propor e implementar estratégias capazes de aprimorar a qualidade da inclusão nas unidades de ensino.

Apesar dos esperados percalços inerentes a programas transmitidos ao vivo, como quedas no sinal, dificuldades de login e outros imprevistos tecnológicos, conseguimos desenvolver uma infraestrutura que minimizava eventuais perdas. As aulas ficavam disponíveis em uma plataforma digital que oferecia o material didático e as instruções sobre as atividades que deveriam ser realizadas off-line. Além disso, tínhamos uma equipe de tutores que dava suporte contínuo aos participantes em relação às ações que estavam realizando em seus ambientes de trabalho.

O desempenho do curso acabou superando nossas próprias expectativas. O formato semipresencial mostrava-se, de fato, uma estratégia poderosa para nossos planos de expansão. Conseguimos migrar para um estúdio em São Paulo e demos início a novos cursos, com audiências ainda maiores. Consequentemente, o custo per capita estava em queda livre, dado que a maioria das despesas eram fixas, independentemente da quantidade de municípios plugados. Chegávamos a atender 450 participantes. As ferramentas de interação com os cursistas, situados em localidades remotas, foram se sofisticando, aproximando a experiência da aula ao modelo presencial. O céu parecia ser o limite.

***

Na primeira semana de 2013, recebi um e-mail do Fórum Econômico Mundial me convidando para fazer uma palestra em Davos, durante o encontro promovido anualmente para reunir chefes de Estado e outras lideranças de vários setores. O tema daquela edição do evento era "dinamismo resiliente", e o briefing que recebi me orientava a abordar a resiliência sob o ponto de vista da nossa trajetória pessoal.

Todas as conferências organizadas pelo fórum ao redor do mundo eram de alto nível e prestígio, até mesmo pela sua pretensão de provocar discussões sobre agendas de grande relevância para o futuro do planeta. No entanto, Davos continuava sendo a grande estrela do calendário. Jornalistas de todas as partes viajavam para a modesta estação de esqui na Suíça para fazer a cobertura da reunião. Eu tinha poucos dias para me preparar e resolvi me mexer. Pesquisei quais eram os livros sobre resiliência mais citados e comecei a ler o máximo que podia.

O tema tem sido bastante explorado nas últimas décadas por diversas áreas do conhecimento, como a psicologia, a economia e a gestão. Sua aparição formal data do século XVII, quando o dicionário Oxford apresentou o verbete explicando-o como uma derivação do verbo latino *resilire*, que significa "rebote" ou "recuo". No campo acadêmico, uma das mais antigas citações é de 1807, creditada ao físico britânico Thomas Young, que se dedicava a estudar a capacidade de certos materiais de voltarem à sua forma original após terem sofrido uma deformação gerada por algum tipo de pressão.

Vários outros pensadores foram estabelecendo novas nuances ao conceito. O engenheiro Thomas Tredgold, por exemplo, utilizou-o para descrever o comportamento elástico das espécies de madeira que conseguem se acomodar a cargas severas, sem se romper. Robert Mallet, cientista irlandês considerado o pai da sismologia, rebuscou a ideia, chegando a criar uma equação matemática para calcular o limite de resistência dos materiais quando expostos a condições rigorosas.

A questão que me havia sido posta, porém, não se refería a materiais físicos, que tornam o emprego da definição relativamente simples, mas sim à atitude de uma pessoa ao longo de sua história. Comecei, então, a me perguntar se o conceito de resiliência poderia, de fato, ser aplicado ao comportamento humano.

***

Para facilitar minha logística durante a semana de conferências em Davos, o Fórum Econômico Mundial contratou um motorista para ficar à minha disposição. Markus era um alemão alto, com sotaque típico de moradores da região da Bavária e sempre usava uma touca cinza-escura. Havia recebido orientações dos organizadores do evento para me encontrar em Zurique, no hotel em que eu estava hospedado há alguns dias. Ao descer para a recepção no horário combinado, avistei-o pela primeira vez, segurando uma placa com o meu nome.

Nos dirigimos ao pátio do estacionamento, onde conheci seu furgão Volkswagen preto com vidros escurecidos, que me remetia ao seriado SWAT. Markus queria pegar a estrada para Davos o quanto antes para evitar que chegássemos à noite, quando a temperatura tendia a cair. Ao perguntar se podíamos parar em uma farmácia no caminho, respondeu de bate-pronto com a frase que virou sua marca registrada: "Kein Problem".

Assim que entramos na cidade, notei uma série de placas com a logomarca do fórum e várias viaturas que pareciam ser do exército suíço. A paisagem estava tomada por uma densa neve e o céu predominantemente cinza só reforçava a sensação de frio. Após o check-in, Markus despediu-se, explicando que voltaria no dia seguinte, às sete horas da manhã, para qualquer apoio que eu precisasse. Pareceu-me cedo demais, mas achei melhor não interferir no seu estilo explicitamente disciplinado.

O pavilhão que abrigava a realização do imponente encontro global em Davos era ostensivamente protegido. Apesar da curta distância, levamos um bom tempo para chegar devido ao trânsito que dominava aquela bucólica estação de esqui. Nevava bastante, e filas de carros pretos de luxo contrastavam com a paisagem totalmente branca. Markus precisou parar seu furgão em vários postos de segurança para que os policiais fardados verificassem nossa documentação. Ao avistar o pavilhão, notei que havia atiradores de elite posicionados em alguns pontos da cobertura do prédio.

Visando simplificar meu desembarque, os organizadores haviam concedido uma credencial especial que me permitia acessar o subsolo. Em tom de brincadeira, Markus disse que eu deveria estar com a moral muito alta, já que somente os chefes de Estado e celebridades chegavam por ali. Não havia calefação naquela espécie de bunker onde estacionamos. Assim que a porta de correr do furgão se abriu, senti o frio cortando a pele do meu rosto. Seguimos em passo acelerado até a entrada de vidro, por trás da qual estava instalada uma pequena recepção com equipamentos de raio X operados por mais policiais. Eu só pensava em sair daquela câmara frigorífica. Fui seguindo as orientações do segurança, sem reparar muito no que acontecia ao meu redor. Somente após vestir o casaco, que passara pela esteira de controle, dei-me conta de que a moça ao meu lado tinha um rosto familiar.

A cerimônia de abertura, realizada na sala principal do pavilhão, começou com um discurso de Klaus Schwab, que ressaltava a importância da cooperação entre as nações para que os desafios do planeta fossem ultrapassados. Após agradecer a comunidade de organizações associadas ao fórum e saudar os convidados, convocou todos a se engajarem com otimismo nas diversas discussões que seriam promovidas. "Nem resiliência nem dinamismo são suficientes. Liderança hoje requer ambos os atributos!", proferiu em tom eloquente.

Na sequência, Klaus anunciou o nome dos três vencedores do prêmio Cristal Award, iniciativa que homenageia artistas cujo trabalho contribui para a melhoria das condições do mundo. O brasileiro Vik Muniz foi reconhecido por seus projetos sociais e pelo documentário *Lixo extraordinário*, que chegou ao pódio de melhor filme no Sundance Audience Award. Logo após, subiu na plenária o cineasta paquistanês Sharmeen Obaid-Chinoy, selecionado pelo seu trabalho no campo dos direitos humanos. No ano anterior, havia recebido um Oscar pelo filme *Saving Face*, que trata dos ataques às mulheres que ocorrem em seu país de origem. Por fim, foi chamada ao palco a atriz sul-africana Charlize Theron, agraciada em virtude dos seus esforços para a proteção dos jovens africanos em relação ao HIV. Loira, de olhos claros e bem alta, era ela a mulher que estava ao meu lado no raio X do subsolo.

A cerimônia foi encerrada com uma vibrante apresentação da Orquestra de Moscou, conduzida pelo maestro Vladimir Spivakov. A música clássica tomou conta do ambiente, amplificando o clima solene que permeava a plateia, composta por rostos que frequentemente estampam as capas de jornais.

Os dias seguintes foram preenchidos por uma programação intensa. Christine Lagarde, diretora do Fundo Monetário Internacional, sentou-se ao meu lado antes de subir ao palco para declarar que o tema "dinamismo resiliente" capturava com precisão o teor da economia global naquele ano, considerado por ela um período de "fazer ou quebrar". Dmitry Medvedev, primeiro-ministro da Rússia, ressaltou o papel-chave que sua nação estava desempenhando, sinalizando que os líderes precisavam assumir responsabilidades além de suas fronteiras. (Apesar das tensões existentes entre a Rússia e alguns de seus vizinhos, ninguém da plateia poderia imaginar que, nove anos mais tarde, o maior país do mundo invadiria a Ucrânia, rompendo com o razoável equilíbrio geopolítico instaurado na Europa após a Segunda Guerra Mundial.)

Fiquei muito impressionado com a presença de palco e a oratória de David Cameron, primeiro-ministro do Reino Unido. Durante a sessão em que participou, quebrou o protocolo e abandonou o púlpito para fazer seu pronunciamento bem na frente do palanque. Em tom quase teatral, expôs suas preferências pela redução do tamanho do Estado e seu compromisso com reformas necessárias à prosperidade da União Europeia. (Cameron mal sonhava que, três anos mais tarde, optaria pela renúncia após o fracasso de seus esforços para conter o Brexit — processo de saída do Reino Unido do bloco do euro, fomentado por discursos que pleiteavam maior soberania política e intensificação do controle migratório. Lembro-me que, ao abrir o evento organizado em 2016 pelo Fórum Econômico Mundial, em Tóquio, Klaus Schwab dizia que tal desligamento representava uma tragédia que ele não gostaria de estar assistindo.)

Chamou-me também a atenção o estilo discreto e educado de Ban Ki-moon, secretário-geral das Nações Unidas. O timbre de voz moderado e a tímida linguagem corporal transmitiam uma serenidade que atraia tanto quanto a performance espetaculosa de Cameron. Seu discurso foi canalizado para a importância da educação e do treinamento profissional como vetores de uma distribuição de renda mais equitativa ao redor do globo. "Quando menino, estudei no chão de terra. Não havia sala de aula. A educação me fez o que sou. Fez meu sonho se tornar realidade", afirmou antes de deixar o palco.

Devo ter um rosto bastante comum porque, em várias circunstâncias, participantes me abordavam nos corredores e elevadores com frases do tipo: "Bom te rever!", "Quando foi que nos encontramos mesmo?", "Ótimo ter você aqui de novo!". Foi o caso dos momentos em que me deparei com Gordon Brown, ex-primeiro-ministro inglês, e Bill Gates. Esse tipo de cena acontece com frequência em aeroportos e hotéis, seja qual for o país que eu esteja visitando. Raramente, tais pessoas realmente me conhecem. Aprendi que é melhor corresponder à saudação e deixar a conversa fluir.

Fiquei emocionado quando, ao me deslocar por um dos corredores do pavilhão, notei que estava ao lado de Angela Merkel, chanceler da Alemanha. Independentemente da minha relação com a cultura alemã — influenciada pelos meus treze anos como aluno de um colégio de origem germânica —, há tempos eu nutria por ela certa admiração, e não era difícil explicar os motivos. Merkel nasceu em Hamburgo, uma das cidades que estampavam o sucesso do capitalismo da antiga Alemanha Ocidental, e pela qual criei um enorme apreço após lá ter vivido como intercambista.

Ainda criança, mudou-se para Perleberg, onde conheceu de perto as amplas privações impostas pelo regime socialista que vigorou na Alemanha Oriental entre o período do pós-guerra e a revolução de 1989 — onda de mobilizações que varreu os países da cortina de ferro e culminou na queda do muro de Berlim. Formada em física quântica, e com forte vínculo com o universo da ciência, acabou migrando para a política, onde construiu uma trajetória invejável, sempre ligada a uma marca de austeridade, objetividade e competência. Merkel era vista como protegida de Helmut Kohl, primeiro-ministro que conduziu o processo de reunificação alemã. Em 2005, foi eleita a primeira mulher a ocupar o cargo mais alto do país.

A eficiência do seu governo e a sustentação da Alemanha como a economia mais forte da Europa levaram-na a permanecer no cargo até 2021. Houve momentos em que considerei abordá-la para pedir um autógrafo. (Teria feito, caso pudesse prever que ela se tornaria uma espécie de farol para o mundo no enfrentamento da pandemia de covid-19. Diferentemente de outros líderes que hesitaram frente a necessidade de promover quarentena durante os períodos com maiores taxas de contaminação, Merkel adotou políticas sempre baseadas em evidências científicas e priorizou a preservação da vida de sua população, acima de tudo.) Ao final de sua sessão, virou-se para Klaus Schwab e afirmou: "Não queremos dinamismo a qualquer preço, mas um dinamismo que resista aos choques". O volume dos aplausos correspondia à estatura moral daquela senhora.

***

Ao chegar no hotel, fiz minha rotineira sequência de exercícios e abri a programação detalhada do evento para organizar meus horários. Minha palestra seria no dia seguinte. Já era tarde e resolvi jantar no quarto, sabendo que precisaria acordar cedo e afiado.

Meu principal objetivo era expor um argumento que fugisse aos clichês do mundo corporativo e dos livros em cujo título traziam a expressão *bouncing back*. Apesar do risco inerente à pretensão de sair da zona de conforto garantida por abordagens convencionais, me parecia necessário abandonar o lugar comum. Fatos verídicos seriam de grande valia, pelo menos para me deixarem seguro quanto à tese que defenderia. Nesse sentido, fiz uma lista de histórias que haviam me marcado, sublinhando aquelas que pudessem me prover subsídios virtuosos. Lembrei-me, então, de Nelson Mandela.

***

Em julho de 1918, nascia na África do Sul o bisneto do rei Ngubengcuka, líder do povo AbaThembu. O menino foi batizado de Rolihlahla, termo que significa "encrenqueiro" no dialeto Xhosa. Seu sobrenome foi herdado do avô, chamado de Mandela. Ele foi criado em uma região rural, juntamente com as irmãs, onde cuidava de rebanhos de gado. Seus pais eram analfabetos, mas sua mãe, cristã devota, matriculou-o em uma escola metodista quando completou sete anos de idade. Em virtude da influência britânica nas instituições de ensino sul-africanas, os professores tinham o costume de usar nomes ingleses para se referir a seus alunos. Rolihlahla passou então a ser chamado de Nelson.

Em virtude da morte de seu pai, Nelson mudou-se para o palácio de Jongintaba Dalindyebo, chefe da região, que assumiu o papel de seu tutor. Desde pequeno, desenvolveu uma fascinação pela história africana e adorava ouvir as narrativas contadas pelos senhores que visitavam o palácio. Apesar da retórica anti-imperialista defendida por alguns líderes que conheceu — que enxergavam os colonizadores como opressores —, Mandela via-os como benfeitores que traziam educação e outras benesses ao seu povo.

Anos mais tarde, o jovem criou apreço pelo esporte, tornando-se corredor de longa distância e boxeador. Também se deixou atrair pela política. Suas relações com esse universo começaram quando estabeleceu amizade com membros do Congresso Nacional Africano (ANC), partido que atuava a favor dos direitos da população negra. O tema ganhou ainda mais importância em sua rotina quando ingressou no curso de direito da Universidade de Witwatersrand. Era o único estudante negro e enfrentava diariamente as consequências do racismo.

Após as eleições de 1948, em que somente os brancos puderam votar, o governo da África do Sul implantou uma série de leis que intensificavam a segregação racial, marcando o início do regime conhecido como apartheid. Em reação a esse novo cenário, Mandela e seus aliados do ANC começaram a promover greves e boicotes que, com o tempo, evoluíram para a resistência armada.

Mandela foi acusado de alta traição pelo Estado e, desde o final dos anos 1950, enfrentou uma série de prisões. O longo isolamento na penitenciária de Robben Island acabou sendo o período mais penoso e desafiador. Lá, ele vivia em uma cela de concreto, úmida e extremamente apertada, onde tinha apenas uma esteira de palha para dormir e era constantemente agredido pelos carcereiros. Nesse ínterim, acompanhou à distância o falecimento da mãe e de seu filho primogênito, tendo sido proibido de comparecer aos funerais de ambos.

No início da década de 1980, as mobilizações internacionais em apoio ao líder sul-africano foram se ampliando. Um jornalista lançou o slogan "Free Mandela!", desencadeando uma campanha internacional pela sua libertação, apelo que chegou a ser endossado pelo Conselho de Segurança da ONU. Nessa época, a África do Sul vivia uma profunda estagnação econômica, acompanhada de grande escalada de violência. Vários bancos globais, diante da pressão internacional, fecharam as torneiras de investimentos. Em 1985, tentando encontrar válvulas de escape, o presidente Pieter Botha propôs libertar Mandela, caso ele renunciasse à violência como arma política. Nelson rejeitou a oferta: "Que liberdade está sendo oferecida se a ação do povo permanece proibida? Apenas homens livres podem negociar. Um prisioneiro não pode celebrar contratos".

A celebração do seu aniversário de setenta anos, em 1988, foi mais um fato que gerou atenção. Vários ativistas manifestaram sua indignação, conforme observado em um concerto em Londres criado como um tributo a Mandela, que foi televisionado e assistido por milhões de espectadores. Lembro-me de ter acompanhado trechos desse show, do qual fizeram parte ídolos da minha adolescência, como Sting, Peter Gabriel e Dire Straits. Em fevereiro de 1990, Mandela foi finalmente libertado após 27 anos na prisão. Três anos mais tarde, recebeu o prêmio Nobel da Paz.

Uma complexa série de negociações entre o Congresso Nacional Africano e o governo culminaram na realização de uma eleição democrática, cujo direito ao voto foi estendido para toda a população. Em 1994, Mandela conseguiu ser eleito o primeiro presidente negro da África do Sul, pondo fim ao regime do apartheid e iniciando uma profunda transformação no panorama político e social do país.

Ao assumir a presidência, herdou um contexto marcado por uma abissal desigualdade entre brancos e negros. Cerca de metade dos sul-africanos vivia abaixo da linha da pobreza, além de não dispor de eletricidade e saneamento. Os enormes índices de desemprego conviviam com padrões educacionais precários: um terço da população era analfabeta, e cerca de 2 milhões de crianças estavam fora da escola. Somava-se a tais estatísticas o substancial desafio de promover o convívio pacífico entre segmentos étnicos que se digladiaram por décadas.

Mandela optou por promover uma política baseada no perdão pessoal e na reconciliação. "Pessoas corajosas não temem o perdão, em nome da paz", pronunciava, consciente de que enfrentaria duras críticas por parte da população que sofrera as mazelas da discriminação racial por tanto tempo. Um dos símbolos de tal estratégia foi o apoio dado aos Springboks — seleção nacional de rugby historicamente odiada pelos negros — durante a Copa do Mundo, realizada em 1995. Após a partida final em que a seleção foi consagrada campeã, Mandela entregou o troféu ao capitão do time, o jovem branco François Pienaar, enviando ao mundo mais uma prova de sua crença na união do povo sul-africano.

Ao sair da presidência em 1999, Mandela deixou como legado um país regido por uma nova Constituição, concebida com base em princípios democráticos. Dentre as vitórias divulgadas ao final de seu governo, destacam-se: 1,5 milhão de crianças incluídas no sistema educacional, 750 mil casas construídas e 2 milhões de pessoas com acesso a energia elétrica. Mesmo quando ocupou o cargo mais alto da nação, Nelson viveu de forma simples, doando um terço de sua renda para o Nelson Mandela Children's Fund —

organização voltada à proteção e ao desenvolvimento das crianças sul-africanas, criada por ele em 1995.

***

A plateia estava cheia e minha palestra encerraria a programação do dia. David Aikman, diretor do Young Global Leaders, anunciou meu nome e me convidou para subir ao palco. Após uma breve introdução sobre minha trajetória, me perguntou: "Rodrigo, considerando que a humanidade enfrenta crises cíclicas, assim como a economia mundial, você acha que é possível aplicarmos o conceito de resiliência para a superação de crises em nossa vida pessoal?". Buscando corresponder ao entusiasmo transmitido pela voz de David, iniciei minha argumentação:

Como vocês sabem, resiliência é um conceito da física que se refere à capacidade de alguns materiais de voltarem ao seu estado original após passarem por uma deformação ou um impacto. Alguns autores chamam esse fenômeno de *bouncing back*, que é o movimento que uma bola de borracha desempenha quando é arremessada contra uma superfície rígida. A bola se deforma e depois recupera a sua configuração anterior. O mesmo acontece com os elásticos, os sistemas de mola e, até mesmo, os bambus. Pessoalmente, acredito que, diante de uma mudança imposta, indesejada, a tendência humana é querer voltar à situação anterior. Vivi isso logo depois do meu acidente. Passei três anos fazendo oito horas por dia de fisioterapia para voltar a ser quem eu era. Ou seja, um jovem fisicamente independente.

Hoje eu percebo que a resiliência é uma capacidade fundamental para nossos princípios e propósito de vida. Quer dizer, seja qual for o impacto da ruptura que surgir na nossa frente, precisamos ser capazes de preservar e proteger nosso objetivo maior. Agora, quando nos referimos à nossa ação, à nossa vida prática, eu prefiro usar um conceito que é o oposto da resiliência: o conceito de plasticidade. Plasticidade é a capacidade de um material de se moldar, se transformar, se desprender da forma anterior. Proponho, então, que as lideranças aqui presentes busquem combinar resiliência do propósito com plasticidade da ação. Que deixem para trás o *bouncing back* e comecem a pensar em *bouncing forward*.

Eu acredito, David, que é possível aplicarmos a resiliência para o enfrentamento de desafios pessoais, desde que ela seja combinada com a necessária plasticidade nos caminhos que vamos traçando ao longo da vida. O norte de nossa bússola precisa ser blindado. Mas a estratégia para alcançá-lo vai necessitar, muitas vezes, de ajustes na rota. Acredito que, com essa combinação, as lideranças ampliarão a capacidade de exercer seu papel na busca por um planeta mais próspero e sustentável.

E o negócio pegou. A expressão *bouncing forward* passou a ser repetida pelos corredores de Davos. Ao cruzarem comigo, as pessoas faziam gestos de entusiasmo e diziam em voz alta "Sim, *bouncing forward!*".

Poucos dias depois, já de volta ao Brasil, recebi um e-mail com o relatório da 43ª edição do encontro anual do Fórum Econômico Mundial. Fui paginando sem pressa o documento e reparando nas fotos que remetiam àqueles momentos. Para minha surpresa, a frase final do último parágrafo dizia: "Esperamos que os líderes presentes em nosso *summit* sejam capazes de assumir uma atitude de *bouncing forward* perante as crises impostas às nações e cumpram o seu papel na construção de um mundo mais próspero".

Parte III

Outros oceanos

Minha admiração pela Organização das Nações Unidas ganhou novos contornos quando visitei sua sede em Nova York. Desde que havia direcionado minha carreira para o campo da educação, passei a perceber o relevante impacto produzido pelos documentos internacionais publicados pela ONU. A começar pela Declaração Universal dos Direitos Humanos. Lembro-me da aula de meu amigo e mentor, Fernando Reimers, sobre as origens e os detalhes desse instrumento civilizatório histórico. Seu semblante revelava uma genuína paixão pelo tema.

Após o término da Segunda Guerra Mundial, os líderes dos países que se configuravam como as novas potências do cenário geopolítico internacional buscavam criar mecanismos que pudessem evitar uma repetição das atrocidades cometidas durante o conflito. Sob a liderança de Eleanor Roosevelt, ex-primeira-dama norte-americana, uma comissão formada por especialistas assumiu a missão de produzir um conjunto de diretrizes que delineasse um acordo global sobre direitos humanos universais a serem zelados por todas as nações integrantes da ONU.

Apesar de não ter sido imposta como um tratado, a declaração influenciou a criação de diversas Constituições nacionais e serviu como uma ferramenta poderosa para pressões diplomáticas sobre governos que violassem qualquer um de seus artigos. A convicção de que toda pessoa tem direito à educação gratuita,* por exemplo, constitui o 26º artigo do documento e tem balizado políticas públicas na maioria das democracias do mundo contemporâneo — assim como minha vida diária no campo da educação inclusiva.

Cheguei a me emocionar quando o segurança do prédio, solícito ao meu pedido, ergueu o cordão de segurança vermelho e me permitiu visitar a sala da Assembleia Geral. Ao entrar no gigantesco espaço arredondado, com um pé-direito que lembrava as arenas olímpicas, senti-me diante de uma espécie de túnel do tempo. Ao fundo destacava-se uma imponente coluna dourada, com o emblema da ONU cravado no centro. Essa estrutura vertical, bem iluminada, parecia reger as fileiras de poltronas nas quais delegações de todos os cantos do mundo haviam sentado ao longo dos anos. Apesar do silêncio daquele ambiente por ora desocupado, a imagem impunha uma atmosfera de grandiosidade. Dava para sentir pairando no ar as tensões acumuladas ao longo de incontáveis reuniões em que o futuro do planeta foi negociado.

Lembrei-me das cenas em preto e branco que mostravam uma dura discussão entre representantes dos Estados Unidos e da União Soviética, a respeito de fotografias aéreas que revelavam mísseis balísticos russos instalados em Cuba, em outubro de 1962. Essa afronta à segurança norte-americana era uma resposta

---

* "Artigo 26º: Toda a pessoa tem direito à educação. A educação deve ser gratuita, pelo menos a correspondente ao ensino elementar fundamental. O ensino elementar é obrigatório. O ensino técnico e profissional dever ser generalizado; o acesso aos estudos superiores deve estar aberto a todos em plena igualdade, em função do seu mérito."

à tentativa de invasão do território cubano, chamada de Invasão da Baía dos Porcos, e à presença de mísseis estadunidenses na Turquia e na Itália. Em outras palavras, dois titãs ameaçando-se mutuamente por meio de armas, que não eram brinquedos, colocadas nos seus quintais.

Ocorreu-me que eu estava diante do palco sobre o qual foi traçada uma batalha diplomática que, por um fio, não descambou para uma guerra nuclear. Aquele foi o momento histórico em que a humanidade mais se aproximou disso. Para nossa sorte, a lucidez dos então chefes de Estado Nikita Khrushchev e John F. Kennedy predominou sobre suas pulsões mais sombrias, e a Guerra Fria voltou à dinâmica de equilibrista em corda bamba, sem que botões de destruição em massa fossem acionados.

É, no mínimo, curioso pensar que Fidel Castro, um dos grandes protagonistas dessa crise, havia sido aclamado em Nova York em 1959, somente dois anos antes de sua trama com mísseis, após ter derrubado a ditadura de Fulgencio Batista. Com pompas de herói, fumou charuto com o prefeito Robert Wagner e foi presenteado com as chaves da cidade. Para completar a mise en scène, visitou a sede da ONU e abriu a Bolsa de Café e Açúcar em Wall Street. (Mais surreal ainda é pensar que eu recebi seu cartão de visitas e uma série de outros mimos quando estive em Cuba para me dedicar a três meses intensivos de fisioterapia em um centro de reabilitação destinado exclusivamente a estrangeiros.)

Meu breve momento de historiador de botequim foi interrompido pelo generoso segurança, sinalizando que ele já havia quebrado meu galho e era hora de eu abandonar o recinto. Voltei a pé para meu hotel, sem sequer imaginar que alguns anos mais tarde eu iria iniciar a primeira parceria com uma das agências da ONU.

***

Tinha acabado de voltar de uma viagem durante o carnaval quando recebi uma mensagem de Maria de Salete Silva, chefe da área de educação do Unicef Brasil, solicitando o agendamento de uma reunião. Poucos dias depois, Salete me explicou que eles pretendiam criar um projeto com o objetivo de ampliar a inclusão de crianças e adolescentes com deficiência em escolas comuns. A ideia era aproveitar a realização dos megaeventos esportivos no Brasil — Copa do Mundo e Olimpíadas — para incentivar as escolas públicas a explorar a educação física de forma diferente: não mais pautada pela competição, mas pela inclusão. A iniciativa seria financiada pela fundação do clube de futebol Barcelona e precisava ser concebida a toque de caixa.

O esporte para pessoas com deficiência tem relação direta com as duas grandes guerras do século XX. Sua prática surgiu após a primeira delas, como forma de reabilitação de soldados que adquiriram impedimentos permanentes e ganhou novo impulso ao término da segunda, principalmente com os tratamentos desenvolvidos no Stoke Mandeville Hospital, na Inglaterra. Nessa época, ainda persistia a visão de que o esporte teria um papel complementar ao tratamento médico. A partir dos jogos anuais criados nesse hospital, o movimento ganhou força, culminando na criação das primeiras Paralimpíadas, em 1960, na cidade de Roma. Suas categorias nasceram das modalidades clássicas das Olimpíadas, que foram adaptadas para permitir a participação desse segmento de atletas.

A priori, eu e minha equipe achamos a proposta arriscada, dado que educação física era uma disciplina cujas origens estavam relacionadas ao esporte de alto rendimento, clube frequentado por poucos sócios. Ou seja, bebia de uma fonte que só dava espaço para pessoas que se destacassem por suas habilidades físicas. Crianças que não correspondiam às expectativas de competitividade e desempenho eram deixadas de lado sem cerimônia. Em certos casos, chegavam a ser dispensadas das aulas. Por outro lado, estávamos sendo convidados a liderar um projeto com um potencial de escala e visibilidade que não caía em nosso colo todos os dias. Cheguei a me desentender com um dos coordenadores do Instituto Rodrigo Mendes que, de forma incisiva, defendia que a iniciativa representaria um desvio de foco que impactaria os compromissos que assumimos com nosso conselho e financiadores. Eu concordava em parte com esse argumento, mas percebi que se tratava de um cavalo selado e resolvi bancar o risco.

Considerando que educação física não era, até então, uma área de domínio do IRM, achei prudente investir na ampliação do nosso repertório. Acordamos com o Unicef que o primeiro semestre do projeto seria dedicado à produção de uma pesquisa sobre as melhores práticas de educação física inclusiva e de um documentário sobre escolas brasileiras que se destacavam no tema. Vínhamos gerando esse tipo de conteúdo para o portal Diversa há algum tempo, e eu tinha segurança sobre a metodologia que seguiríamos. Não contávamos, porém, com a aridez desse território. As experiências que encontrávamos, mesmo após muita investigação, mostravam-se tímidas e pouco inspiradoras.

Em geral, eram aulas de educação física que incorporavam as modalidades do esporte paralímpico, visando oferecer um momento de mera diversão aos seus alunos. Raramente eram planejadas considerando a participação das crianças com deficiência. Quando isso ocorria, segregavam esse grupo para jogar isoladamente entre si. Uma partida de basquete com todos sentados em cadeiras de rodas — em que nenhum dos participantes tinha impedimentos físicos — e um jogo de futebol de salão com todos vendados — sendo que todos desfrutavam de boas condições de visão — são alguns exemplos. Ou seja, essas atividades representavam a antítese do que procurávamos e eram incompatíveis com os princípios que defendíamos.

Acabamos encontrando uma escola da rede pública de Goiás, chamada Colégio Estadual Colemar, em que as professoras de educação física desempenhavam um excelente trabalho. Viajei a Goiânia, juntamente com a equipe de uma produtora, para acompanhar de perto as filmagens e conduzir algumas das entrevistas com os educadores que fariam parte do filme. Apesar de certas carências na infraestrutura do Colemar, as atividades que lá encontramos tinham bastante consistência e permitiam que as crianças com deficiência participassem das aulas. Voltamos para casa com um bom material em mãos.

Após alguns meses debruçados na criação de um curso sobre educação física inclusiva, havia chegado a hora de abordar os secretários de educação das doze capitais brasileiras que hospedariam os jogos da Copa do Mundo — escopo geográfico previamente definido pelo Unicef. Eu estava particularmente entusiasmado com essa demarcação, pois nos presenteava com a oportunidade de colocar o bloco na rua de forma respeitável — tal leque de capitais nos dava abrangência nacional. Sabíamos que seria bem difícil convencer doze gestores públicos das maiores cidades do país a embarcar em um projeto que não apresentava, necessariamente, aderência às suas prioridades, mas tínhamos a influência de uma poderosa agência da ONU a nosso favor. Aos trancos e barrancos, fomos ganhando a simpatia dos secretários, até chegarmos à assinatura do 12º acordo de cooperação.

Optamos por usar o mesmo formato e tecnologia já testados pelo nosso programa de formação apoiado pelo Instituto Camargo Corrêa, com quem havíamos feito nossa primeira experiência de ensino semipresencial em escala, alguns anos antes. Cada secretaria de educação selecionava dez escolas de suas redes que já estivessem atendendo crianças com deficiência em salas de aula comuns. Havíamos reservado três vagas para cada escola: um professor de educação física, um professor do atendimento educacional especializado e um coordenador pedagógico.

Outra regra estabelecida com os secretários era que o grupo de trinta participantes precisava ser completado por alguém da equipe da própria secretaria. Essa estratégia visava criar meios de perpetuar os impactos mesmo após o término do projeto. Faltando duas semanas para a largada, tínhamos mais de quatrocentos educadores inscritos no curso. O espetáculo havia sido montado e as arquibancadas estavam lotadas. Faltava, então, performar à altura das expectativas da plateia e dos produtores da turnê.

Lembro-me da apreensão coletiva, misturada a uma dose de euforia, sentida por toda a equipe no dia da aula de abertura. Eu e Gary Stahl, líder do Unicef Brasil, ocupávamos o estúdio de transmissão e acompanhávamos a contagem regressiva depois da qual daríamos as boas-vindas aos professores dos cinco cantos do país. Estávamos em rede nacional.

Após oito meses de contato praticamente diário com nosso corpo discente, coletamos mais de cem projetos de intervenção implementados nas escolas participantes. A etapa final envolvia selecionar o projeto mais relevante de cada cidade e visitá-lo in loco. Ou seja, correr uma maratona de doze viagens, em poucas semanas, com a tarefa de realizar um pequeno seminário e registrar em vídeo o que havia sido transformado nas doze capitais que estavam no barco.

Consegui participar de boa parte das viagens e pude me aproximar de histórias que mereciam estar em uma série de streaming. Em Natal, por exemplo, conheci Maria Eloísa, uma doce garota de doze anos, que estava no quinto ano de uma das escolas públicas que haviam participado do nosso curso de formação. Maria tinha um transtorno importante e nunca falara com seus colegas. Uma de suas professoras, Katyuscia da Silva, foi nossa aluna e me explicou que sua pupila praticamente não interagia com as pessoas, nem aceitava a merenda da escola. Ao longo do curso, Katyuscia decidiu engajar as próprias crianças na criação de uma aula de educação física que fosse inclusiva.

Durante as discussões entre os próprios alunos, Maria surpreendeu a todos ao falar pela primeira vez e dar sua opinião. Empenhou-se para ajudar o grupo a bolar uma nova versão do badminton, cujas novidades não me pareceram nada triviais para uma turma daquela idade.

A duração do jogo foi reduzida para que os alunos com autismo pudessem manter a concentração. O juiz passou a usar uma sinalização visual, de forma que os estudantes surdos pudessem entender o que estava acontecendo. Além disso, a quadra foi redimensionada, visando facilitar a mobilidade dos cadeirantes. Katyuscia não disfarçou o orgulho ao me contar que o novo badminton se tornara a atividade mais concorrida da escola. Também não conteve a emoção ao citar que, para ela como professora, o mais importante de tudo foi ver Maria rompendo um silêncio angustiante de muitos anos. A menina passara a conversar com todo mundo e melhorara seu desempenho em todas as disciplinas.

Tive também a chance de visitar uma escola do bairro de Padre Miguel, no Rio de Janeiro, onde conheci a história de Felipe. Por ter uma deficiência física, ele sempre era excluído das aulas de educação física. Essa realidade mudou quando Luiz Gustavo, participante do nosso curso de formação, decidiu buscar formas de embarcar Felipe em todas as atividades. Juntamente com a equipe da escola, o professor começou a descontruir as regras das modalidades praticadas. No primeiro momento, foram explorados o basquete adaptado e algumas atividades circenses, que permitiam a Felipe estar inserido, porém de forma tímida e frustrante. Foi então que Luiz decidiu criar um novo esporte: Felipebol. Tratava- -se de um jogo inclusivo em que os alunos ficavam apoiados nos quatro membros, posição com a qual Felipe tinha maior possibi- lidade de locomoção. As regras eram simples: o jogo era praticado com as mãos e somente o goleiro podia ficar em pé.

Assim como o badminton de Maria Eloísa, o Felipebol con- quistou todos os estudantes, superando até o futebol em termos de preferência da turma. "Antes eu jogava futebol parado na cadeira. Mas agora que eu participo de verdade, eu jogo muito mais!", comentou o protagonista da novidade com minha equipe.

Nosso projeto de formação sobre educação física inclusiva foi ganhando novas edições nos anos seguintes. A legião de crianças me aguardando em um extenso pátio de uma escola em Salvador, à beira da Baía de Todos-os-Santos, a alegria das pequenas meni- nas sorridentes me explicando jogos folclóricos em uma unida- de da educação infantil em Cuiabá e a paixão do professor Itair Medeiros — inventor de um circuito inclusivo de atletismo em Belém do Pará — compõem algumas das inesquecíveis cenas que levo comigo. Em 2021, nosso curso atingiu a marca de 100 mil participantes nos 26 estados do Brasil. Eu, minha equipe e nossos parceiros no Unicef pudemos dispensar falas de falsa modéstia quando ouvíamos que o projeto era um dos legados sociais da Copa de 2014 e das Olimpíadas de 2016.

***

Em virtude do trabalho desenvolvido com o Unicef, o Minis- tério da Educação de Angola me procurou buscando consultoria para a criação de uma Política Nacional de Educação Inclusiva. As ações do IRM em diversas instâncias do governo brasileiro jogaram a favor do nosso nome no processo e, seis meses mais tarde, eu desembarcava em Luanda. Nossa missão era conduzir um trabalho intenso e de imensa responsabilidade, dado que estávamos lá para definir diretrizes que influenciariam o sistema educacional daquele país.

Em 1975, logo após ter logrado a independência em relação a Portugal, Angola tornou-se palco de uma violenta guerra civil,* cujas consequências podiam ser observadas na mente e nos corpos de sua população. Notei isso em nosso primeiro dia de trabalho. Fomos conduzidos por uma equipe do Instituto Nacional de Educação Especial até as instalações do ministério. Durante o caminho, ouvimos histórias sobre a expressiva quantidade de pessoas que haviam adquirido impedimentos — físicos, auditivos e visuais — como sequelas de uma guerra que ainda pairava no ar. O próprio motorista da van que nos transportava mencionou uma marca que carregava no corpo.

As crianças também faziam parte desse contingente, vítimas das frequentes explosões de minas instaladas em vastas áreas do território angolano no período do conflito armado. Ao longo da semana, visitei várias escolas especiais para onde elas eram encaminhadas. Eram instituições muito malcuidadas, com abundante presença de grades, que transmitiam a sensação de aprisionamento. Esse era o público para o qual nossos esforços estavam mirados.

Em 2017, o presidente José Eduardo dos Santos assinou a Política Nacional resultante de nossa empreitada ao lado de todos os profissionais do Ministério da Educação de Angola. Milhares de crianças seriam positivamente impactadas por esse novo marco legal que pressupunha a participação de pessoas com deficiência em escolas comuns, juntamente com os demais estudantes.

---

* Conflito entre forças políticas internas ocorrido entre 1975 e 2002.

***

Há muitos séculos, competições esportivas faziam parte de rituais religiosos em que os homens participavam motivados pela gana de alcançar o primeiro lugar perante os olhos dos deuses. O mais famoso desses eventos ocorria no santuário de Olímpia, onde os atletas se encontravam para homenagear Zeus, o maior dos deuses gregos. A origem dos jogos reside na lenda de que Hércules, após ter completado seus doze trabalhos,* decidira construir o estádio olímpico para agraciar seu pai, Zeus. Terminada a tarefa, percorreu duzentos passos em linha reta e chamou essa distância de estádio. Nesse momento, definiu que uma série de competições deveria ser realizada naquele santuário a cada quatro anos, e batizou-a de Jogos Olímpicos.

Estudos arqueológicos indicam que os jogos haviam começado em 736 a.C. e consistiam, basicamente, em uma corrida de 192 metros, seiscentas vezes o comprimento do pé de Hércules. Seu primeiro vencedor foi um cozinheiro chamado Coroebos. Posteriormente, foram introduzidas provas de pentatlo, luta livre e eventos equestres. Eram tempos de guerras intensas e reis de diferentes regiões da Grécia selaram uma aliança para que houvesse paz durante a realização do evento. Ficou então acertado que os jogos aconteceriam ao longo dos meses de verão, durante um período de trégua, conhecido como Paz Olímpica. Destacados pensadores da época participaram das provas, como Pitágoras, que se consagrou campeão de pugilato. Nenhum dos 40 mil assentos do estádio era ocupado por uma mulher.

---

* Série de atos heroicos que ele deveria cumprir para restaurar sua honra e conquistar a imortalidade.

Os Jogos da Antiguidade, como hoje são chamados, duraram mais de um milênio. Foram abolidos pelo imperador cristão Teodósio I e permaneceram adormecidos até 1894, um intervalo de exatos 1500 anos, o que nos leva a desconfiar dos historiadores a quem esses registros são creditados. Sua ressureição foi liderada por um aristocrata francês que, inspirado pelas visitas que havia feito a colégios ingleses, acreditava poder melhorar os sistemas educacionais por meio da valorização do esporte. Para isso, Pierre de Frédy — conhecido como Barão de Coubertin — organizou um congresso internacional na Universidade de Sorbonne, em que convocou o público a apoiá-lo na restauração dos Jogos Olímpicos. Seu objetivo era fazer com que a poeira olímpica ressurgisse.

O congresso resultou na constituição do Comitê Olímpico Internacional (COI), comandado pelo próprio barão, que restituiu a tradição de um evento desportivo internacional realizado a cada quatro anos. Em 1896, a tradição da Grécia antiga renascia por meio dos primeiros Jogos Olímpicos da era moderna, promovidos em Atenas. O evento assumiu o lema *citius, altius e fortius* ("mais rápido, mais alto e mais forte"), inventado por um padre dominicano que o utilizava para motivar seus alunos a se superarem por meio da prática do esporte. Coubertin acreditava que essas palavras traduziam perfeitamente o ideal dos jogos modernos: a superação de si mesmo e dos outros.

***

Mais uma vez, o projeto que desenvolvemos com o Unicef e seus comprovados impactos positivos na promoção da inclusão escolar tiveram desdobramentos. Agora envolvendo o universo das Olimpíadas. Além de ter conduzido uma maratona de palestras ao redor do Brasil sobre o potencial da educação física como ferramenta de transformação das escolas, tive a honra de receber um convite para participar do rodízio da tocha olímpica dos jogos de 2016, realizados no Rio de Janeiro.

Na Grécia antiga, um fogo sagrado era mantido aceso em vários santuários durante a celebração das Olimpíadas. A chama representava uma homenagem a Zeus e aludia a vários outros personagens da mitologia grega. Esse símbolo foi resgatado em 1928, quando o arquiteto Jan Wils propôs que o Comitê Olímpico Internacional voltasse a explorar sua conotação sagrada e reintroduzisse a chama nas Olimpíadas, a partir dos jogos de Amsterdã. A ideia do rodízio da tocha surgiu alguns anos mais tarde, durante a edição de 1936, em Berlim. Nessa ocasião, a chama foi conduzida da Grécia até a Alemanha por mais de 3 mil atletas que correram 2 mil milhas, durante doze dias.

O ritual atualmente adotado envolve uma série de etapas, minuciosamente planejadas. Meses antes da cerimônia de abertura das Olimpíadas, a chama é acesa no lendário templo de Olímpia, local em que os jogos aconteciam na Antiguidade. Para isso, o COI realiza uma celebração em que um espelho parabólico captura e reflete os raios do sol para acender a primeira tocha do revezamento. Na sequência, a chama é conduzida até o estádio Panatenaico, em Atenas, de onde parte para o país-sede. A viagem pode envolver diferentes meios de transporte. Ao chegar no país de destino, é dado início ao rodízio que percorre várias cidades até chegar ao estádio olímpico, no dia do início dos jogos.

O COI adota a tradição de eleger um ex-atleta famoso ou um personagem emblemático para ser o elo final do revezamento da tocha. A ele é dada a honra de acender a pira olímpica. Em 1964, por exemplo, o corredor Yoshinori Sakai — nascido no dia do bombardeio atômico de Hiroshima — foi escolhido para abrir os jogos de Tóquio, simbolizando a reconstrução e a paz no Japão após a Segunda Guerra Mundial.

Lembro-me de ter assistido ao vivo a espetacular performance do ex-ginasta e polimedalhista chinês, Li Ning, na cerimônia de início dos jogos de 2008. Ao receber a tocha da penúltima participante do rodízio no centro do estádio de Pequim, saiu flutuando e simulou uma corrida no ar ao redor do enorme anel acima da arquibancada, até chegar à pira e acendê-la, produzindo um efeito visual impressionante.

Outra cena que guardo na memória é a da abertura das Olimpíadas de Barcelona, em 1992, quando o arqueiro paralímpico Antonio Rebollo atirou uma flecha, com a ponta em chamas, em direção à pira situada a uma significativa distância. A flecha parece ter acertado o alvo, mas deu pano para manga a especulações quanto ao uso de um mecanismo de segurança para a garantia de que o fogo pegasse. Esse tão esperado ato representa o início oficial dos jogos. A pira permanece acesa durante todo o evento e o ritual relacionado ao fogo termina somente no último dia das competições, quando ela é apagada, simbolizando o término desse ciclo que se repete a cada dois anos.*

Vários episódios pitorescos compõem a história da tocha e da pira olímpicas. Em 1952, pela primeira vez, a chama foi transportada por uma aeronave rumo a Helsinki. (Essa decisão foi considerada extremamente arrojada, dados os riscos de uma explosão durante o voo. Mal se podia imaginar que, em edições futuras, a

---

* Em 1926, o COI decidiu criar um evento exclusivamente destinado às modalidades de esportes disputados no gelo e na neve, batizando-o de Jogos Olímpicos de Inverno. Atualmente, esse evento ocorre dois anos após as tradicionais Olimpíadas, que passaram a ser chamadas de Jogos Olímpicos de Verão. Consequentemente, o ciclo olímpico deixou de ser de quatro anos, passando a ser de dois anos.

tocha seria enviada ao espaço para astronautas que orbitavam ao redor de nosso planeta.) Em 1958, um estudante de veterinária decidiu pregar uma peça nos espectadores, quando invadiu o rodízio carregando uma tocha falsa feita da perna de uma cadeira com trapos em chamas na extremidade. Ele chegou a entregar o enganoso artefato ao prefeito de Sydney, e conseguiu escapar ileso.

Nos jogos de Montreal, de 1976, o COI resolveu apostar em uma pirotecnia que reserva razoável originalidade. Ao chegar em Atenas, a chama foi transformada em sinais de rádio por meio de sensores de calor, transmitidos por satélite para Ottawa, onde um feixe de laser foi acionado para reacender a chama olímpica. Durante o evento, uma forte tempestade apagou a pira, que foi reacendida por um oficial — provavelmente em pânico —, usando um isqueiro improvisado. Essa saia justa não foi privilégio dos canadenses. Em 2004, a chama foi derrotada por uma forte ventania ao chegar no estádio Panathinaiko, quando o rodízio seria iniciado.

Nos dias atuais, para evitar que a queima da chama olímpica seja interrompida, a organização do evento mantém várias cópias com a função de atuarem como backups. Caso a tocha ou a pira sejam apagadas, o fogo é reacendido e a mística de Olímpia se mantém preservada.

***

O sábado amanheceu com o sol a pino. Levantei já sentindo certo frio na barriga ao me imaginar recebendo a tocha e dando sequência ao percurso do rodízio, com o fogo sagrado em minhas mãos. O comitê dos jogos Rio 2016 havia me enviado uma série de orientações que precisavam ser seguidas à risca. Eu deveria me dirigir a uma escola pública situada na avenida Paulista, onde me reuniria com alguns membros do comitê e um grupo de outros participantes do rodízio.

Ao chegar, fui encaminhado a uma sala de aula cuja atmosfera me lembrava os momentos que antecediam as regatas de remo em que competi pelo Corinthians: uma mistura de excitação, euforia e apreensão. Éramos cerca de dez pessoas sentadas em roda no centro da sala. Pude notar que todos os meus parceiros de rodízio tinham o mesmo nível de adrenalina correndo nas veias. Assim que me posicionei, fui abordado por uma moça da equipe querendo confirmar as medidas de minhas roupas. Logo, voltou com o uniforme oficial dos condutores da tocha, impecavelmente embalado e bem dobrado. Abri o pacote com entusiasmo.

A indumentária envolvia uma camiseta e uma calça — ou bermuda, a depender do gosto do freguês — que vestimos ali mesmo, dado que todos haviam sido orientados a comparecer de short e camiseta fina, sobre a qual vestiríamos a nova roupa. O visual do grupo uniformizado transmitia uma sensação de time. Ao olhar para a companheira sentada à minha direita, notei que seu rosto era familiar. Pensei um pouco e logo notei que se tratava de Claudia Sender, então presidente da companhia aérea TAM. Havia tempos que eu estava para encontrá-la, dado que a empresa era uma das patrocinadoras do Instituto Rodrigo Mendes, e que ela havia recentemente entrado para a comunidade dos Young Global Leaders.

"Oi, Claudia. Que prazer, sou o Rodrigo Mendes. Imaginava que nosso primeiro encontro seria bacana, mas acabou sendo melhor que a encomenda." Claudia era uma jovem executiva muito bem-sucedida. Havia assumido a liderança da TAM aos 38 anos e era considerada uma expoente no universo dos negócios, não só pela competência e pelo carisma, mas por ter conseguido se destacar em uma indústria que, historicamente, impõe barreiras a mulheres com pretensões a cargos mais altos, como é o caso do setor aéreo. Muito simpática, respondeu me dando um forte abraço: "Nem se tivéssemos planejado o melhor cenário!".

Fomos interrompidos por um dos membros do staff dos jogos, que iniciou um discurso estimulante, enfatizando a grandeza daquele momento. Em seguida, explicou as regras do jogo. O grupo seria transferido para um micro-ônibus, que nos conduziria até o local do início de nossa participação. Cada um receberia uma tocha própria, que já estaria em nossas mãos durante o traslado. A partir do nosso "marco zero", o veículo pararia a cada duzentos metros para que o responsável pelo respectivo trecho desembarcasse e ficasse aguardando a chegada do participante anterior. Nessa hora, a chama seria transmitida de uma tocha para a outra, e o condutor daria continuidade em direção ao próximo da fila. Terminada nossa missão, um segundo micro-ônibus nos recolheria ao longo do caminho para nos levar de volta à escola de onde havíamos partido.

A organização do rodízio era muito profissional e eficiente. Tratava-se de uma megaoperação que percorreria as 27 capitais brasileiras ao longo de mais de três meses. Além dos condutores, o processo envolvia uma enorme equipe de segurança que escoltava quem estivesse com a tocha acesa. Qualquer furo nesse encadeado script resultaria em atrasos e interrupções com efeito em cascata. No meu caso, a própria equipe da Rio 2016 providenciou um suporte para ser afixado no braço da minha cadeira de rodas — onde a tocha seria posicionada para que eu pudesse segurá-la — e uma profissional treinada para me conduzir ao longo do percurso.

Após ter se certificado de que todos haviam embarcado, nosso motorista fez um sinal de positivo, engatou a primeira marcha e deu início a um curto percurso que marcaria muito nossas vidas. O veículo saiu lentamente do pátio da escola e entrou na avenida Paulista, sentido Vila Mariana. Nossa participação teria início na avenida Sena Madureira, três quilômetros à frente de onde estávamos. Tentávamos nos descontrair com a música que tocava ao fundo, mas a verdade é que estávamos na pilha para entrar em campo e não fazer feio. A primeira a desembarcar foi Fabiana Claudino, atacante da seleção feminina de vôlei classificada para disputar aquelas Olimpíadas. Atravessou o corredor do micro-ônibus segurando sua tocha e dando tchau para cada um do grupo. Após descer, colocou-se a postos para recepcionar o desconhecido condutor que, em minutos, chegaria para transferir o fogo e dar início ao revezamento do nosso time. Eu havia sido escalado como o penúltimo a saltar para a avenida.

Ao nos aproximarmos do meu ponto, notei uma aglomeração que ocupava a calçada de um bom pedaço da avenida. Minha equipe tinha feito um excelente trabalho de mobilização e conseguiu arrastar amigos e parceiros profissionais de várias épocas. Quando a porta do micro-ônibus se abriu, o som daquela animada torcida tomou conta do ambiente. Minha concentração, até então direcionada à tarefa que precisava cumprir, foi totalmente desviada pelo meu instinto de cumprimentar cada um dos presentes. Não demorou muito para que os seguranças interrompessem o corpo a corpo, informando que a tocha estava chegando e eu deveria me posicionar no centro da avenida. A muvuca foi se deslocando e, ao olhar para trás, percebi que uma chama escoltada por vários homens vestidos de verde-oliva vinha em minha direção. O círculo de seguranças foi se abrindo, permitindo que eu visse Claudia correndo e segurando a tocha acesa. O ruído da torcida só aumentava.

Claudia foi reduzindo o ritmo e, ao me ver, estendeu o braço para que sua tocha acendesse a minha. Assim que o fogo tomou conta da extremidade daquele meu troféu, nos abraçamos e uma moça do staff assumiu o comando da minha cadeira, rumo ao próximo ponto de troca. A avenida era levemente inclinada, o que fazia com que descêssemos em velocidade crescente. Meus amigos engataram na corrida, formando um rastro de gente que me seguia. Não tardou para que chegássemos ao local em que estava posicionado o condutor seguinte. Fomos diminuindo nossa velocidade até parar de frente para ele. Nos saudamos e executei meu último gesto, encostando a ponta de minha tocha na dele, até que a magia se completasse e ele seguisse em frente com a chama amarela na altura dos seus olhos.

Fui tomado por uma enorme alegria, expressa no rosto de todos que integravam aquela vibração coletiva. Já não importava mais quem estava segurando a tocha. Formávamos um único corpo, felizes por fazer parte de um pedacinho daquela história milenar.

Poucos dias depois, recebi um telefonema da equipe coordenadora da Rio 2016, convidando-me para participar do rodízio da tocha paralímpica, que começaria algumas semanas após o término das Olimpíadas. Ao me imaginar conduzindo uma segunda tocha, cuja chama acenderia uma segunda pira, me deparei com o óbvio: a completa separação entre os jogos escancarava um desenho anacrônico, incompatível com o espírito do tempo que vivíamos. Algo estava fora do lugar.

***

Acompanhei com grande entusiasmo todo o período da Rio 2016. Desde a vibrante abertura dos Jogos Olímpicos até a cerimônia de encerramento dos Jogos Paralímpicos, meses mais tarde. A cidade foi tomada por uma atmosfera de festa, união e prosperidade. Tive a chance de assistir presencialmente a várias competições, como a última participação olímpica do lendário Usain Bolt nas provas de atletismo, a épica final do tênis masculino decidida entre o argentino Del Potro e o inglês Andy Murray, e a primeira medalha de ouro da seleção brasileira de futebol, conquistada na disputa por pênaltis contra a Alemanha — que havia exterminado o Brasil nas traumáticas semifinais da Copa do Mundo de 2014, cujo placar terminou em sete a um. Eu estava no Maracanã quando Neymar converteu o último pênalti, levando o estádio lotado a uma catarse que misturava alívio, revanche e arrebatamento.

Durante essa temporada, recebi um convite do Fórum Econômico Mundial para participar de um seminário que ocorreria no Japão, intitulado World Forum on Sport and Culture. O objetivo do evento era promover discussões sobre as Olimpíadas de Tóquio em 2020, edição que seria realizada quatro anos mais tarde. Eu faria parte de um painel sobre como ampliar o legado social dos jogos, tendo em vista o projeto de educação física inclusiva que havíamos desenvolvido com o Unicef, ao longo da Rio 2016. A iniciativa havia gerado impactos em escala e poderia disparar reflexões interessantes sobre o tema.

Dividi o palco com dois membros do Comitê da Tóquio 2020, um engenheiro de tecnologias voltadas a esportistas com alguma deficiência e um colega do Young Global Leaders, que havia se envolvido fortemente com as Olimpíadas de Londres em 2012. No final do debate, ao conduzir a última rodada de perguntas, a mediadora virou-se na minha direção e indagou: "E você, Rodrigo? Qual é sua proposta para que o legado social desses megaeventos esportivos seja mais significativo?". Sem grandes expectativas sobre a reação que meus pitacos poderiam causar, respondi:

Eu acho que a separação completa dos jogos, entre olímpicos e paralímpicos, vai na contramão da ideia de uma sociedade inclusiva. Que mensagem transmitimos para o mundo segregando os atletas pelo fato de terem, ou não, uma deficiência? Além disso, o ato de se apagar a pira olímpica e, depois de algumas semanas, se acender a pira paralímpica, é muito simbólico.

Existe uma convenção da ONU, assinada por mais de cem países, que condena a separação das pessoas em virtude das suas diferenças. Lembrando que as Olimpíadas são o maior evento do mundo e que as suas cerimônias são uma vitrine para bilhões de pessoas, eu proponho que, em 2020, usemos a mesma tocha, a mesma pira e, o mais importante, que a gente mantenha a chama acesa entre os dois jogos.

A típica sobriedade das plateias de eventos do Fórum Econômico Mundial foi convertida em entusiasmo. O silêncio foi substituído por palmas coletivas e gestos de apoio. Várias pessoas subiram ao palco para me perguntar mais detalhes sobre meu pleito. Nascia ali o projeto One Flame.

***

Voltei ao Brasil ávido para conhecer a fundo os protocolos que regiam a chama, a tocha e a pira olímpicas. Ao mesmo tempo, decidi formar um pequeno time multidisciplinar para me apoiar no planejamento do projeto One Flame. Roberto Feres, publicitário com vasta experiência em ativação de marcas, assumiu a liderança do grupo que passou a se reunir quinzenalmente.

Após a primeira rodada de entrevistas com profissionais de várias partes do mundo que conheciam bem os bastidores do universo olímpico, ficou claro que se tratava de um território bem mais complexo do que aparentava. O Comitê Olímpico Internacional (COI), proprietário do direito de uso de todos os elementos que integram a identidade dos jogos, havia se tornado uma organização extremamente poderosa e rígida quanto ao controle de protocolos.

Cada edição dos jogos era um espetáculo meticulosamente planejado pelo COI, que fiscalizava com lupa toda a implementação operacional sob responsabilidade do país-sede. Os rituais relacionados às cerimônias de abertura e encerramento dos eventos, por exemplo, eram instituições intocáveis e seguiam regras estritas. Alterar o ato final em que a pira é apagada, elemento-chave do One Flame, significaria uma ruptura do rito e demandaria uma gigantesca articulação política com a alta liderança do Comitê.

Outro player com quem precisaríamos dialogar era o Comitê Paralímpico Internacional (CPI), instituição totalmente independente do COI e responsável pela organização dos Jogos Paralímpicos. Esse evento teve origem nos anos 1940, quando Ludwig Guttmann — neurologista alemão que havia sido expulso de seu país pelos nazistas — foi escalado pelo governo britânico para liderar um centro nacional de traumatismos na cidade de Stoke Mandeville, na Inglaterra, e criar um programa de reabilitação de soldados que haviam servido na Segunda Guerra Mundial. Guttmann criou um método de tratamento de seus pacientes que envolvia trabalho e atividades esportivas. Diante do sucesso de seu sistema, organizou, em 1948, um evento esportivo exclusivamente voltado a pessoas com deficiência, realizado no mesmo dia em que foram abertos os Jogos Olímpicos de Londres. Seu criador já demonstrava pretensões de aproximar seus atletas do cultuado universo olímpico.

O evento, inicialmente promovido todo ano na Inglaterra, foi evoluindo até que, em 1960, ultrapassou as fronteiras de Stoke Mandeville e ganhou amplitude internacional, tendo sido realizado em Roma — mais uma vez pegando carona na agenda dos Jogos Olímpicos, nesse ano hospedados na capital italiana. A história dos jogos criados por Guttmann teve um ponto de inflexão em 1988, quando os atletas paralímpicos puderam, pela primeira vez, usar as modernas instalações construídas para as Olimpíadas de Seul. Nessa edição, foi também introduzido o revezamento da tocha paralímpica, que já nascia totalmente segregado do rodízio da tocha olímpica. Três anos mais tarde, o COI e o CPI — que acabara de ser fundado — assinaram um termo de cooperação para que toda cidade escolhida para sediar os Jogos Olímpicos acolhesse também os Paralímpicos. O acordo foi batizado de "uma eleição, uma cidade".

Apesar da crescente aproximação, essas organizações não se enxergavam exatamente como irmãs. Enquanto a primeira zelava pela tradição de busca do corpo perfeito, traduzida pelo lema olímpico "mais alto, mais forte, mais rápido", a segunda dialogava mais com valores de diversidade e adaptação, flertando muitas vezes com uma abordagem de superação bastante carregada nas cores. Além disso, suas condições financeiras revelavam um abismo, sendo o COI um gerador de receitas bilionárias e o CPI extremamente vulnerável nesse aspecto.

***

Mesmo diante dessa trama de complicações, achei que valeria a pena seguirmos em frente. Nosso grupo decidiu atuar simultaneamente em duas frentes: a primeira, voltada a arrebanhar apoiadores de peso, e a segunda, focada em abordar os tomadores de decisão do COI e do CPI.

Em poucos meses, conseguimos suporte oficial do Unicef e do Fórum Econômico Mundial, organizações que fizeram parte das origens do One Flame. O próprio Klaus Schwab, chairman do Fórum, assinou uma carta que se encerrava com o pleito: "O FEM acredita no esporte como ferramenta de transformação social. É extremamente importante aproveitar esta oportunidade única para assumir uma posição moral". Na sequência, agendei uma reunião em Nova York com Liu Zhenmin, subsecretário-geral da ONU, que me recebeu em seu gabinete à beira do East River. Misturando simpatia e pragmatismo, logo após ouvir minha explicação, cravou em tom afirmativo: "Você tem todo o meu apoio!".

Seria relevante nos escorarmos também em players no campo da comunicação de massa. A NBC, uma das principais compradoras dos direitos de transmissão dos Jogos Olímpicos, nos parecia fundamental em nossa via-crúcis. Fiquei surpreso com o rápido retorno de Gary Zenkel, presidente da NBC Sport que comandava todas as negociações da empresa com o COI. Ele me explicou que, em termos comerciais, qualquer aproximação entre os jogos poderia ser muito positiva, tendo em vista os baixos índices de audiência das Paralimpíadas, possivelmente relacionados à completa separação e distância temporal entre os dois eventos. Pouco tempo depois, a Rede Globo também embarcou após uma reunião que tive com Roberto Marinho Neto, na época, diretor da área de esportes da companhia. Além de mostrar um desejo genuíno de integrar o time, disse que estava buscando uma reunião com o COI, na Suíça, para negociar questões contratuais, e que poderia me levar para apresentarmos o projeto à alta liderança do comitê.

O universo do showbiz também constava em nossa planilha de possíveis porta-vozes do One Flame. Criamos uma longa lista de artistas e celebridades que tinham forte envolvimento com questões de direitos humanos. Ficávamos ainda mais energizados só de ler os nomes e imaginá-los defendendo nossa iniciativa. Não precisei pensar muito para definir que nossa prioridade era a banda irlandesa U2. Além de constar no rol das minhas preferidas desde a adolescência, a reputação e o carisma que haviam construído pareciam casar perfeitamente com nossas ideias. Sem falar que

uma das músicas de maior sucesso na carreira do grupo chamava-
-se "One". Para completar, o líder e vocalista da banda Bono Vox
era um dos criadores do projeto One, voltado a causas humani-
tárias. Durante uma noite em que perdi o sono, decidi escrever
um poema que pudesse ser usado em uma eventual abordagem ao
U2. O texto acabou virando o manifesto do projeto One Flame:

Há momentos
Em que somos chamados para assistir
Uma tradição
Uma celebração

Há momentos
Em que somos chamados para refletir
Uma contradição
Uma segregação

Há momentos
Em que somos chamados para desafiar
Um mito
Um desvio

Há momentos
Em que somos chamados para agir
Uma evolução
Uma transformação

Humanos como iguais
Humanos como diversos
Humanos como mágicos
Humanos como um

Uma chama,
Um jogo,
Um mundo.

Paralelamente aos passos que dávamos rumo à criação de uma ampla rede de apoio, foram surgindo convites para que eu falasse sobre o One Flame em eventos de grande porte, promovidos em várias partes do mundo. Após ter lançado a ideia em Tóquio, tive a chance de apresentar o projeto para plateias em Dubai, Viena, São Francisco e Barcelona. A organização TED Talks acabou catapultando a divulgação do projeto quando me convidou para falar em um estádio de futebol para cerca de 10 mil pessoas que lotavam uma das extremidades das arquibancadas. O vídeo da minha participação acabou sendo publicado na plataforma global da TED, gerando uma exposição que prometia nos ajudar muito. Nosso navio parecia estar atravessando o oceano de barreiras impostas ao One Flame a todo vapor.

***

A segunda frente de atuação do One Flame, responsável por embarcar o COI e o CPI na empreitada, era a faceta mais desafiadora e mostrava-se cada vez mais cheia de arestas. Tínhamos muitas dúvidas sobre como e por onde começar. A sensação era de que, se errássemos na dose, tanto na forma quanto no conteúdo, o projeto poderia descer pelo ralo.

Ao sabermos que um brasileiro acabara de ser eleito presidente do Comitê Paralímpico Internacional, decidimos abordá-lo antes de conversar com o Comitê Olímpico Internacional. Nascido no Rio de Janeiro, o jornalista Andrew Parsons construiu uma carreira de sucesso no Comitê Paralímpico Brasileiro. Seu bom desempenho como dirigente esportivo ganhou notoriedade no exterior a ponto de levá-lo à posição de liderança global. Não precisei de muito esforço para agendar uma reunião.

Andrew me recebeu em Brasília, durante um longo almoço em que pudemos dividir nossas trajetórias e ambições. Muito simpático e objetivo, tinha um discurso que revelava uma mistura de entusiasmo pelo cargo e, ao mesmo tempo, preocupação diante dos obstáculos que encararia para cumprir a promessa de reposicionar o CPI durante seu mandato. Quando percebi que a conversa estava suficientemente aquecida, canalizei a pauta para o One Flame, deixando claro que eu estava consciente de minha posição de outsider. Por mais bem-intencionado que eu fosse, era inegável o fato de que eu estava querendo palpitar sobre um universo que não me dizia respeito.

Andrew ouviu minha narrativa sobre a proposta de unificação simbólica dos jogos com uma expressão bastante serena, quase sem reação. Esperou eu terminar para colocar na mesa sua posição. Disse que achava a ideia louvável, mas não fazia parte de suas prioridades. Naquele momento, seu principal objetivo era trazer recursos financeiros para o CPI. O rodízio da tocha paralímpica, apesar de modesto, era patrocinado e gerava receitas de que ele não podia abdicar. A junção das chamas poderia, no final das contas, representar uma perda para eles. Por outro lado, enfatizou que quem, de fato, tinha o poder de decisão sobre qualquer mudança no ritual das Olimpíadas era Thomas Bach, presidente do COI. Caso ele aceitasse, aí sim poderíamos voltar a conversar e avaliar melhor os impactos no CPI.

Tentei argumentar que o One Flame poderia dar ainda mais visibilidade aos Jogos Paralímpicos e favorecer negociações comerciais, mas estava claro que essa batalha não fazia parte das urgências de Andrew. Agradeci a sinceridade, dizendo que seguiria seus conselhos e daria notícias após falar com o COI. Mesmo ciente de que o assunto se mostrava mais intricado do que eu imaginava, embarquei para São Paulo tentando manter meu otimismo aceso. Ao menos, voltei para casa sabendo qual deveria ser o próximo passo.

Nos meses seguintes, canalizei minha atenção para o convite de Roberto Marinho Neto. Seria ótimo poder aproveitar o canal aberto por ele para conseguir uma reunião no COI. No entanto, ele estava absorvido por uma fase de viagens, e sua equipe não sabia ainda quando o agendamento da ida à Suíça se confirmaria. O tempo foi se arrastando até eu receber a notícia de que a Globo estava passando por profundas mudanças e Roberto não estava mais à frente do departamento de esportes. Minha ponte para chegar ao Thomas Bach acabara de ser implodida.

***

No final de 2016, pouco tempo após o término das Olimpíadas no Rio de Janeiro, recebi a ligação de um diretor da Rede Globo me convidando para uma reunião no escritório da emissora em São Paulo. A pauta era um projeto relacionado a acessibilidade e inovação, que estava em fase embrionária e deveria ser mantido sob sigilo. "Nosso plano é fazer uma pessoa imobilizada dirigir um carro de Fórmula 1 através dos seus pensamentos. Sabemos que você tem muita experiência na área da inclusão e gostaríamos de te contratar como consultor do projeto", explicou o diretor. Sua equipe acabara de ter tido contato com um equipamento de alta tecnologia que os instigara a cogitar tal ideia.

Tratava-se de um headset com catorze eletrodos, desenhado para captar as atividades elétricas do cérebro de uma pessoa e transformá-las em comandos para um computador. Era uma espécie de minieletroencefalograma, recentemente lançado por uma start-up do Vale do Silício, que vinha sendo usado para pesquisas sobre neurociência. A hipótese da façanha era a seguinte: uma pessoa treinaria alguns comandos com o headset, que estaria conectado a um computador, e os transmitiria para o carro de corrida.

A princípio, queriam que eu os auxiliasse na seleção do piloto. Para aquecer a conversa, o diretor pediu que eu falasse um pouco sobre minha trajetória para entender melhor como eu poderia assumir a missão. Ao ouvir que eu havia levado um tiro enquanto dirigia um carro e que aquele havia sido meu último ato antes de perder os movimentos, interrompeu-me: "Péra um pouco. Tá aí a história que precisamos. Você será o piloto!". Como bom vendedor de histórias, ele logo visualizou a narrativa de um jovem voltando a dirigir após 27 anos, graças ao poder da tecnologia.

Meu objetivo ao aceitar o convite para aquela reunião era me aproximar da Globo e buscar oportunidades de divulgação dos programas do Instituto Rodrigo Mendes, dado nosso contínuo desafio de chegar a professores de todas as partes do Brasil. Mas confesso que a extravagância por trás daquela conversa fisgou minha curiosidade. O projeto soava como uma experiência de ficção científica, e eu poderia assistir de camarote ao incerto desfecho daquela empreitada pirotécnica. "Não tenho nada a perder", pensei. Ficou combinado que eu receberia o equipamento na minha casa para que pudesse criar intimidade com o sistema e treinar no meu computador. Enquanto isso, eles desenvolveriam um carro com as devidas adaptações e programariam um período de testes antes das filmagens em um autódromo.

Três meses mais tarde, quando me dei conta, estava sentado dentro da réplica de um Fórmula 1, que não tinha nem volante nem pedais. Usava um capacete de piloto profissional, ao qual foi acoplado internamente o headset com os eletrodos devidamente posicionados na minha cabeça. Ao redor do carro, dezenas de engenheiros faziam as regulagens finais naquele foguete que estava no meio da pista, prestes a decolar. Lembrei-me dos ídolos da Fórmula 1, quando param no box durante a corrida para fazer o pit stop. Ao perceber a grandiosidade da cena — pelo menos para mim, que havia embarcado naquela história sem ter noção de que ela ganharia investimentos de proporções hollywoodianas —, relembrei em flashes tudo o que havia sido necessário para que chegássemos até ali.

***

No final de uma manhã ensolarada, recebi na sala de minha casa a visita do time da Globo que estava responsável por fazer as coisas acontecerem. O nível de entusiasmo era alto, apesar de mal terem começado a fabricar a engenhoca que eu, supostamente, dirigiria por meio do pensamento. Tinham em mãos o headset e explicaram que eu já deveria começar o treinamento, com o desafio de conseguir controlar três comandos básicos: acelerar, virar para a direita e virar para a esquerda.

O mecanismo começou a ficar mais claro após terem instalado alguns softwares no meu notebook, demonstrando como a tecnologia funcionava. Já com o headset na minha cabeça e os eletrodos posicionados, eu conseguia ter uma visão da atividade elétrica do meu cérebro. Um dos softwares gerava na tela uma imagem tridimensional do meu crânio, com as ondas cerebrais ilustradas por feixes de cores que variavam de acordo com o que eu estava pensando. O efeito gráfico e a experiência de enxergar o que se passava dentro da minha cabeça em tempo real eram fascinantes.

Minha tarefa era identificar três pensamentos que gerassem um impulso elétrico padronizado e estável, ou seja, que claramente se repetissem a cada vez que eu os disparasse. Com isso, eu conseguiria associar esses pensamentos aos três comandos que a equipe da Globo havia solicitado. Comecei tentando fazer uma associação direta a cada ação a ser executada: pensando que eu estava acelerando, virando para a direita e virando para a esquerda. Mas, por algum motivo, o sistema não conseguia diferenciar esses pensamentos.

Coincidentemente, na época, eu estava lendo um livro sobre neurociência, cujos autores explicavam que diferentes sentidos humanos — visão, audição, tato, paladar e olfato — relacionam-se a diferentes áreas do cérebro. A publicação apresentava imagens de ressonância magnética que comprovavam esse fenômeno. Imaginei que isso poderia me ajudar e decidi apostar nessa teoria, testando três pensamentos bem contrastantes sob a ótica dos sentidos. E acabou dando certo. Depois de testar centenas de possibilidades, por vários dias, cheguei a uma combinação que funcionava com uma estabilidade impressionante. Para acelerar, pensava que estava assistindo à celebração de um gol em um jogo de futebol — imagem ligada à visão. Para virar à direita, pensava no gosto de uma comida muito saborosa — imagem relacionada ao paladar. E para virar à esquerda, pensava que estava segurando o guidão de uma bicicleta — ação ligada ao tato. Isso estava indo bem no notebook, na sala da minha casa. A grande pergunta era se teria sucesso em um carro de verdade.

A gravação foi agendada para o início de fevereiro, no autódromo Velocitta, situado no interior de São Paulo. Algumas semanas antes, a Globo enviou à minha casa uma estilista de pilotos de corrida que havia sido contratada para tirar minhas medidas e produzir o macacão que eu usaria. No dia em que ela retornou para que eu o provasse, explicou que tinha usado um tecido de última geração, capaz de resistir ao fogo por até quinze segundos.

Até então, não tinha parado para pensar na eventual cena do carro de corrida em chamas. "Quinze segundos? Não vai dar tempo nem de começarem a me arrancar daquela lata de sardinha", pensei em silêncio, tentando manter minha expressão de agradecimento, enquanto a moça me olhava com orgulho, dizendo entre sorrisos: "Ficou lindo! Vai brilhar na pista!". Logo depois de nos despedirmos, liguei para minha assessora pedindo que solicitassem à Globo a inclusão de uma cláusula no contrato, especificando que seriam providenciados uma ambulância e um paramédico no dia da gravação. Tentando zelar pelas noites de sono e a saúde cardíaca de dona Sonia, achei melhor não contar nada sobre esse projeto para minha família. Informei somente meu fisioterapeuta, Edson Prado, diante da necessidade de ter um cúmplice e minimizar meus receios pela boa dose de irresponsabilidade assumida. Edson sempre foi uma fonte de confiança e me deixaria mais tranquilo saber que ele estava ciente.

***

Precisei viajar para Mogi Guaçu e me hospedar em um hotel na véspera do evento, dado que a gravação começaria muito cedo. Seguindo as orientações da equipe de produção, acordei às quatro e meia da madrugada, me arrumei e peguei a estrada rumo à fazenda em que o autódromo havia sido construído. O sol começava a nascer quando passamos pela porteira da propriedade. No horizonte, dava para visualizar uma imponente instalação que aparentava ser o circuito. Conforme nos aproximávamos, reparei que o estacionamento estava ocupado por dezenas de veículos e alguns caminhões — um deles com uma antena de transmissão gigante na carroceria. Imaginei que estava sendo montado um evento de porte e que a Globo aproveitaria sua infraestrutura para conduzir a gravação da minha experiência que, provavelmente, ocorreria em um espaço secundário, localizado em algum canto mais discreto.

Após desembarcar, fui encaminhado para uma espécie de camarim, onde estava sendo servido um café da manhã para o piloto, no caso, eu. Pediram para eu aguardar até que os equipamentos de iluminação estivessem armados. Aquela espera parecia demorar uma eternidade. Enfim, o diretor da gravação abriu a porta, dizendo que estavam a postos. Enquanto nos dirigíamos ao box, perguntei qual evento ocorreria no local. "Evento? Tudo isso está sendo montado desde ontem para você, meu caro!" Eu sabia que a Globo não iria se dispor a fazer algo mambembe, mas aquela megaprodução estava muito acima das minhas expectativas. Senti o peso da responsabilidade e logo pensei: "E se não der certo?".

Havia um vaivém de pessoas no caminho. Passamos pela lateral da arquibancada, até chegarmos à larga porta do box, que começou a se abrir. A cena foi se formando aos poucos. No centro daquela espécie de hangar, drenava nossa atenção um carro de Fórmula 1 azul e branco, todo iluminado com holofotes. Ao redor, uma infinidade de gente que integrava a equipe de mais de cem profissionais escalada para aquele projeto olhava para mim fixamente. Todos com uma expressão de curiosidade sobre qual seria minha reação diante da surpresa cuidadosamente preparada. Enquanto isso, várias máquinas fotográficas emitiam os sons de seus flashes e o diretor da filmagem conduzia os movimentos de uma câmera voltada para meu rosto. A claquete já tinha sido batida e o filme estava começando.

Após ter vestido o macacão, as luvas e calçado as sapatilhas, encostei minha cadeira de rodas na lateral do carro para que a equipe me transferisse ao cockpit, que era bem estreito e apertado. Reparei que fora do box havia uma ambulância, com um médico posicionado à frente, observando de pé e braços cruzados tudo que se passava. Ao perceber que eu estava prestes a ser carregado para dentro do carro, saiu em disparada na minha direção, parou ao meu lado com uma expressão de indignação e disse: "Pense bem, meu jovem! Você não é obrigado a fazer isso. Se quiser desistir, ainda dá tempo". O frio que ocupava minha barriga desde que a porta do box se abrira foi interrompido por uma incontrolável risada. Tratava-se do médico contratado pela Globo em resposta à minha modesta exigência contratual. Provavelmente, aquele senhor de óculos e cabelos grisalhos tinha caído de paraquedas no evento e, só ali, ficou sabendo que eu estava imobilizado. Deve ter pensado algo como "isso vai acabar mal e vai sobrar para mim assinar o atestado". Tentei acalmá-lo, dizendo que tudo correria bem.

O script que eu havia estabelecido na minha cabeça ao longo daqueles meses — experimentar com calma todos os itens de segurança do carro, customizar o assento e os componentes do cockpit para que eu me encaixasse com conforto, fazer vários testes na pista com bastante antecedência em relação à filmagem — havia ido por água abaixo. Todo aquele show tinha sido montado para um desafio *one shot*, ou seja, era tudo ou nada e eu tinha que fazer valer minhas várias semanas de treinamento no computador.

Não estávamos conseguindo posicionar corretamente os eletrodos e o capacete, de forma que os sensores captassem corretamente os sinais elétricos do meu cérebro. Havia bastante tensão no ar, pois, no fundo, todos estavam conscientes dos riscos de sermos obrigados a abortar o plano. Cerca de quarenta minutos após inúmeras tentativas, finalmente os monitores do time de engenheiros indicavam que a conexão havia sido estabelecida e o sistema estava funcionando. O interior do box foi tomado por um primeiro grito de celebração.

O relógio estava correndo, e precisávamos rodar a cena principal do filme. Um grupo de mecânicos se aproximou do carro e começou a empurrá-lo em direção à pista. O sol estava a pino e não se via nenhuma nuvem no céu azul royal, típico do interior do estado de São Paulo. Mesmo com o rosto protegido pelo capacete, eu sentia o cheiro do combustível e o calor emitido pelo asfalto. Logo fomos interrompidos pelo médico, implorando para que eu bebesse um pouco de água. Eu estava mesmo com sede, mas não ia colocar em jogo todo aquele esforço de amoldar o head-set na posição exata. Dei uma piscada positiva, na esperança de que os nervos do doutor se aquietassem.

Tudo passou em segundos. Quando me dei conta, lá estava eu no meio da pista de um autódromo profissional, mais bonito do que o famoso circuito de Interlagos, inserido milimetricamente no cockpit de um carro de Fórmula 1. A essa altura, nada mais parecia ser réplica. O motor já estava ligado e emitia um barulho ensurdecedor, que vinha das minhas costas e fazia vibrar toda a carenagem. Não havia volante, nem pedais. O painel era ocupado por um notebook e um emaranhado de cabos. No meu restrito raio de visão, eu enxergava uma longa reta que terminava em uma curva à esquerda.

Uma caminhonete estampada com o logotipo da Rede Globo, cuja caçamba estava lotada de gente e câmeras, vinha e voltava, como se estivesse ensaiando uma coreografia. De repente, o diretor de produção encostou a cabeça no meu capacete e berrou: "Podemos começar?". Sinalizei positivamente com a cabeça, sentindo que o cinto de segurança me pressionava contra o banco. A multidão de técnicos que circulava nos arredores foi se deslocando para trás de mim e desaparecendo. Sobraram o carro, a pista e eu.

A sensação era de que eu estava prestes a bater o último chute da final de uma Copa do Mundo, disputada nos pênaltis. Fechei os olhos, respirei fundo e lembrei que tinha treinado bastante para aquele momento. O caótico barulho do motor foi se distanciando, até parecer que estava bem longe. Abri os olhos, foquei minha visão no final da reta e concentrei meu pensamento na imagem da celebração de um gol de futebol. Senti dentro do peito que a vibração do chassi aumentava em ritmo crescente, até que o carro arrancou com certa violência, acelerando em direção ao meu alvo. Mantive o pensamento em repetição, como um looping, e o veículo avançava sobre aquele solo acinzentado. Quando percebi que a curva se aproximava, parei de pensar no gol. A rotação do motor foi baixando, juntamente com a velocidade. Calculei o momento da manobra e canalizei meu pensamento para a sensação de estar segurando o guidão de uma bicicleta com minhas mãos. Aos poucos, o carro começou a virar para a esquerda. Acabei passando por cima da zebra, trisquei o gramado, mas consegui voltar para a pista, retomando meu pensamento na celebração do gol.

Aos trancos e barrancos, segui em frente, gerando um traçado bem menos linear do que eu gostaria, mas conseguindo ir adiante. Com bastante dificuldade, completei três voltas na pista, até que o carro morreu quando eu perdi o controle e invadi com tudo a brita. Em poucos segundos, a multidão que havia desaparecido se aglomerou ao meu redor para checar se eu estava bem. Ao tirarem meu capacete, percebi que todos estavam com expressão de desespero. Respondi com o sorriso de quem acabara de escapar de uma prova de fogo e voltava a respirar aliviado. A euforia tomou conta de cada um deles e foi se reverberando pelo autódromo. Ainda dentro do carro, fui reconduzido até o box, que já estava em clima de festa. Pairava no ar a sensação de que havíamos concluído algo extraordinário. Eu sentia dores por todo o corpo, mas a missão quase impossível havia sido cumprida.

***

Em 1977, dois anos após o término da Guerra do Vietnã, nascia no sul do país uma garota que se tornaria uma estrela do Vale do Silício. Tan Le fazia parte de uma família que vinha, há anos, tentando escapar da opressão imposta pelo governo comunista instaurado naquele período. Seus pais acreditavam que o Vietnã não propiciaria um futuro de prosperidade às suas filhas e decidiram planejar uma fuga. Tan tinha apenas quatro anos quando partiu clandestinamente em um pequeno barco, ao lado de sua avó, mãe e irmã. Seu pai optou por aguardar até que tivesse certeza de que elas estavam seguras para, então, seguir a seu encontro. Mal podia imaginar que seria capturado e mantido em uma prisão por mais de dez anos.

Durante a viagem de barco, as mulheres precisavam ficar escondidas na cabine durante o dia, tendo em vista que muitos piratas rodeavam aquelas águas em busca de refugiados e dos objetos de valor que carregavam. Somente à noite podiam subir ao convés. Navegaram por vários dias até desembarcar em um campo de refugiados na Malásia. Todos os dias, observavam ansiosas os novos barcos que chegavam, na expectativa de que um deles trouxesse o pai das duas meninas. Sua mãe falava um pouco de inglês e começou a articular alternativas para que elas saíssem daquela situação de profunda precariedade. Depois de quatro meses, partiram para a Austrália, onde começaram uma nova vida.

Tan adorava estudar e ir para a escola. Entendia que era uma oportunidade de deixar sua mãe orgulhosa. Apesar da discriminação que sofria por parte dos demais alunos, inclusive pelo fato de não ter o pai ao seu lado, tinha facilidade para aprender e ia muito bem nos estudos. Após se engajar em vários projetos sociais, decidiu ingressar na faculdade de direito, com o objetivo de ajudar ainda mais sua comunidade. Formou-se e trabalhou vários anos como advogada em um grande escritório na Austrália, onde havia uma divisão que atendia novos empreendedores no campo da tecnologia. Tan, que já admirava o poder transformador desse setor, foi ficando cada vez mais atraída por aquele universo em que jovens, com a sua idade, já comandavam seus próprios negócios e afetavam o mundo de maneira bem mais significativa do que ela conseguiria na sua atividade.

Começou a ler obsessivamente sobre o Vale do Silício e os magníficos empreendedores da nova era da tecnologia da informação, que vinham mudando o mundo. "O futuro será criado por eles. Deveria estar no meio disso. Sou jovem o suficiente para recomeçar", pensou. Ao mesmo tempo, observava os demais passageiros do trem que pegava todas as manhãs, a caminho do trabalho, e tinha a impressão de que estavam em inércia. A cena lembrava um bando de carneiros, subordinados a um fluxo. Estava com 24 anos e, caso continuasse repetindo aquela rotina, sem realmente pensar sobre para onde estava indo, o tempo passaria e ela permaneceria na mesma situação. Se arrependeria de não ter saído e feito algo diferente. Saiu e fez.

Em 2003, depois de ter vendido sua primeira empresa na área de telecomunicações, Tan canalizou suas atenções para o cérebro humano e a neurociência. Estava fascinada pelas oportunidades de inovação nesse campo e pelos impactos que poderia produzir para as novas gerações. Oito anos mais tarde, fundou a Emotiv, empresa que vem revolucionando o segmento de eletroencefalogramas sem fio e desenvolvendo soluções para melhorar a qualidade de vida das pessoas.

***

O filme produzido pela Globo sobre minha experiência com o carro de corrida ficou impecável. Todo o preciosismo do diretor com os detalhes de iluminação e planos de filmagem parecia ter valido a pena. Por ter uma abordagem mais publicitária, a narrativa contemplava somente cenas plasticamente excepcionais. Os momentos em que invadi a caixa de britas, fiquei em zigue-zague ou levei solapadas pela instabilidade da rotação do motor não apareciam nem de longe.

O vídeo foi veiculado exaustivamente ao longo de semanas, inclusive nos horários nobres da emissora. Várias pessoas me abordavam na rua perguntando se eu era o personagem do carro pilotado com o "poder da mente". Raramente eu tinha tempo para explicar que não se tratava de esoterismo, mas de uma tecnologia ainda bastante instável. Mal podiam imaginar que eu havia passado muitos dias com dores por todo o corpo, causadas pelo enorme esforço físico de me equilibrar nas curvas com a força do meu pescoço.

A Globo, que havia inscrito a campanha em vários concursos internacionais, acabou levando sete prêmios respeitáveis, merecendo destaque o Leão de prata, no Cannes Lions Festival of Creativity, e o prêmio Grand Clio de Entretenimento. Minha opinião era que o projeto tinha sido uma excelente empreitada para todos os envolvidos. A exposição na mídia acabou sendo uma catapulta de divulgação do Instituto Rodrigo Mendes e de seus programas. Mas o melhor ainda estava por vir.

Na semana seguinte ao lançamento do filme, fui a Buenos Aires para um encontro do Fórum Econômico Mundial voltado aos países da América Latina. Como sempre, o evento tinha uma agenda intensa, que envolvia a participação de autoridades locais e várias atividades de integração dos Young Global Leaders. Um dos jantares foi realizado na hípica da cidade, em um espaço bastante amplo, que recebeu mais de quinhentas pessoas. Escolhi aleatoriamente uma das mesas, que eram redondas e acomodavam até seis pessoas. Ao meu lado, sentou-se uma jornalista sueca, que se apresentou e logo começou a falar sobre sua carreira. Era especializada em matérias sobre tecnologia e estava em busca de novidades que pudessem ser objeto de seus artigos.

Contei a ela que eu havia acabado de participar de uma empreitada bastante inusitada, que culminou em um carro de corrida adaptado para ser pilotado por meio de comandos cerebrais capturados por um headset. Ela arregalou os olhos e pediu que eu desse mais detalhes. "Assunto perfeito para eu produzir uma matéria especial para o jornal em que tenho uma coluna." Agendou uma entrevista comigo para o dia seguinte e se virou na direção do palco montado no fundo do salão, para ouvir o mestre de cerimônias que dava início aos pronunciamentos da noite.

Nesse momento, notei que as últimas cadeiras livres da mesa estavam sendo ocupadas por um casal formado por uma moça asiática, de pele clara e cabelos bem pretos, e um rapaz calvo, que aparentava ser seu cônjuge. Tentei ler seus nomes no crachá — gesto corriqueiro nesses eventos com muitos rostos novos —, mas a distância até o lado oposto da mesa não permitia. Enquanto ouvíamos os oradores da noite, começou a ser servida uma típica parrilla portenha, acompanhada de batatas e vinho tinto. Dava para notar que todos estavam com uma expressão de cansaço devido à carregada agenda, que começava bem cedo, e ao implacável jet lag enfrentado pelos convidados oriundos de longitudes distantes.

Logo após a sobremesa, pedi licença aos vizinhos da mesa e me direcionei à área externa, de onde partiriam os ônibus que nos levariam de volta aos nossos hotéis. Já estava tarde, e eu queria chegar ao meu apartamento a tempo de fazer meus exercícios rotineiros de fisioterapia. Enquanto aguardava meu transfer, fui repentinamente abordado por uma moça que parecia estar eufórica e foi logo falando: "Oi, tudo bem? É verdade que você usou um headset com catorze eletrodos para pilotar um carro?". Notei que se tratava da minha companheira de mesa cuja identidade eu não tinha conseguido descobrir. "Meu nome é Tan Le. Sou a fundadora da empresa que, provavelmente, fabricou o equipamento que vocês utilizaram", emendou.

Minha memória entrou em ação e tive um flashback do dia em que fui pesquisar na internet informações sobre a marca que estava estampada na tiara do headset. Lembrei-me de que o site da companhia havia me levado a uma página na Wikipédia sobre uma empreendedora do Vale do Silício chamada Tan Le. "Nem acredito que você é a famosa criadora da Emotiv!" Não só fui sendo contagiado pelo seu entusiasmo, como me senti muito impactado pela gigantesca coincidência. Nem se eu tivesse planejado teria conseguido sentar ao lado dela, diante daquele arquipélago de mesas ocupadas randomicamente por quem chegava. Fomos interrompidos pela chegada do táxi que havia sido chamado para me conduzir. Combinamos de continuar a conversa na manhã do dia seguinte, antes do primeiro painel do evento.

A notícia logo se espalhou e fomos convocados pela equipe de imprensa do Fórum Econômico Mundial para participar de uma entrevista. Estavam ávidos para saber mais sobre como nossas trajetórias haviam culminado em um projeto que ilustrava com primor o conceito da quarta revolução industrial, cunhado por Klaus Schwab, fundador do fórum. Fomos recebidos pelo próprio Klaus, em seu quarto de hotel. Mantendo sua tradição de provocações visionárias, sugeriu que considerássemos a realização de um grand prix em que todos os carros fossem pilotados pelo pensamento. Colocou o fórum à disposição para apoiar o projeto e, alguns dias mais tarde, escreveu para Jean Todt, presidente da Fédération Internationale de l'Automobile (FIA), propondo que a federação embarcasse nessa empreitada. Acabamos concluindo que a tecnologia disponível ainda não tinha maturidade suficiente para viabilizar uma investida dessa envergadura. O instigante devaneio de Klaus foi adiado para um futuro incerto.

***

Já passava da meia-noite quando cheguei à recepção do Atlantis The Palm. Minha rota São Paulo-Londres-Dubai deixaria qualquer um exausto, e tudo que eu desejava era mergulhar em um colchão e apagar por algumas horas. O funcionário do hotel precisou recorrer aos prováveis infinitos treinamentos pelos quais passou para me comunicar, com ar de simpatia, que havia ocorrido um erro na reserva e que meu quarto seria disponibilizado somente no dia seguinte. Contrariando os protocolos de hotéis de alto padrão, acabei dormindo em um sofá situado numa lateral mais discreta do gigantesco lobby que lembrava os filmes do Aladin.

Havia sido convidado para fazer uma palestra sobre educação inclusiva em um dos painéis do Global Education and Skills Forum, evento que se tornou famoso por contemplar a entrega de um prêmio de um milhão de dólares ao professor eleito o melhor educador do mundo. Na véspera do evento, os organizadores nos ofereceram um coquetel onde encontrei Olivier Oullier, amigo francês que eu não via há tempos. Após contar que acabara de assumir a posição de CEO da Emotiv, start-up fundada por Tan Le, aproximou-se com cara de quem pede sigilo e comentou em meu ouvido que Lewis Hamilton estava hospedado no hotel.

Surpreender a plateia com celebridades já havia se tornado uma tradição do evento, e o campeão mundial de Fórmula 1 havia sido escalado para fazer a entrega do prêmio. Olivier tinha obtido acesso à coletiva de imprensa com Hamilton, que ocorreria no dia seguinte, e conseguira uma credencial a mais para que eu pudesse integrar a plateia.

A sala era pequena e estava abarrotada de jornalistas e fotógrafos. Acabei sentando na primeira fileira, de onde pude acompanhar de perto a entrevista conduzida por Vikas Pota, presidente da fundação realizadora do *summit*. O piloto era de fato muito carismático e encantava por sua simplicidade ao falar de suas origens e conquistas. Ao final da conversa, Vikas sinalizou que passaria o microfone para o público interessado em fazer perguntas. Acabei tomando um susto quando o ouvi anunciar que começaria comigo, citando que eu havia recentemente pilotado um carro de corrida por meio do pensamento, e aguçando a curiosidade dos jornalistas.

Sem saber muito por onde começar, tive a péssima ideia de adotar uma abordagem mais descontraída. Após tecer alguns elogios, emendei: "Lewis, como você sabe, os brasileiros são mundialmente conhecidos por serem bons pilotos. Não me leve a mal, mas gostaria de saber se você aceitaria correr contra mim. Fique à vontade para escolher a pista". Por sorte, todos captaram o tom da brincadeira e o ambiente foi tomado pelas risadas que serviram como um grande alívio, diante do risco do eventual timing errado. Mostrando que não era marinheiro de primeira viagem com sabatinas, Lewis deu um show de jogo de cintura, dizendo: "Eu topo. Vamos lá!". Sua resposta foi seguida de uma enxurrada de cliques disparados pelos fotógrafos.

Poucas horas depois, comecei a receber mensagens da equipe da Rede Globo, perguntando o que eu estava fazendo em Dubai e se era verdade que eu havia desafiado Lewis Hamilton para uma corrida. Dei uma rápida busca na web e logo me deparei com a manchete "Hamilton aceita correr contra Rodrigo Hübner usando a mente". Fui rolando a página e logo senti o tamanho do barulho que a despretensiosa brincadeira tinha gerado. Eram dezenas de matérias, encabeçadas por uma foto em que eu e Lewis nos abraçávamos.

Logo veio uma mensagem da diretoria da Globo dizendo que eles tinham total interesse em investir na realização daquela disputa entre Davi e Golias. Lembrei-me do meu ex-treinador de remo, usando a metáfora da briga entre um bêbado e um sóbrio como estratégia para nos encorajar antes de uma regata em que enfrentaríamos uma equipe muito mais bem treinada do que a nossa. Já falei dela aqui, mas não custa relembrar: "Se o bêbado apanhar, foi resultado da embriaguez. O adversário não tem nenhum mérito. Se derrubá-lo, vira herói!".

Apesar da blindagem ao redor de Hamilton, logo após o término do evento a produção articulou uma rápida reunião entre nós. Pude contar sobre meu envolvimento com educação e conhecer um pouco mais sobre sua vida pessoal. Lewis falou bastante sobre as dificuldades que seu irmão, Nicolas, tinha enfrentado na infância para ter acesso a escolas, tendo em vista que havia nascido com paralisia cerebral. Nos despedimos lembrando do desafio assumido publicamente. "Te vejo na pista!", foi sua última frase, seguida por um sorriso de garoto.

***

Durante boa parte da minha infância, um de meus heróis preferidos foi Luke Skywalker, personagem-chave da franquia Star Wars, interpretado pelo ator Mark Hamill. Tinha somente oito anos quando assisti no cinema à cena em que o cavaleiro das trevas, Darth Vader, decepa o antebraço de Luke durante uma luta com sabres de luz. A densidade dramática ganha ainda mais peso quando o vilão surpreende o garoto ao dizer: "Eu sou seu pai". Lembro-me de ter acordado assustado no meio da noite várias vezes, após ter sonhado que eu estava na pele de Luke e precisaria enfrentar Darth Vader.

Quarenta anos mais tarde, recebo de meu amigo Olivier Oullier um link para um artigo de sua autoria na revista *Fortune*, intitulado "A força é real: Como a neurociência de 'Star Wars' está revolucionando a saúde e mais". Uma das fotos inseridas no texto referia-se à inesquecível cena de Luke, já sem um dos membros, ouvindo a chocante declaração de Vader. Fui facilmente capturado pela imagem e resolvi ler.

O artigo começava falando sobre a acelerada evolução da tecnologia voltada à produção de próteses, discorria sobre os significativos benefícios para a qualidade de vida de quem as utilizava, até saltar para o tema das *brain-computer-interfaces* — equipamentos que exploram as atividades do sistema nervoso central para interferir em nossa vida cotidiana. Minha experiência com o carro de corrida e o protagonismo do headset eram mencionados como exemplos concretos do impacto que esse tipo de inovação trazia. Como pano de fundo, o autor ia inserindo várias referências ao universo de Star Wars ao longo do texto. O comando do carro por meio do pensamento, segundo a liberdade poética do autor, comparava-se ao poder que os cavaleiros jedi tinham de mover objetos por meio de uma energia chamada de "a força".

Quando estava prestes a fechar a aba em que lia o artigo, reparei que o nome Mark Hamill aparecia na área de curtidas, no rodapé. Resolvi olhar melhor e, de fato, tudo indicava que meu herói de infância havia se interessado pela façanha produzida pela Rede Globo.

Vários outros desdobramentos inesperados foram emergindo nos anos seguintes, como vídeos gravados por Jean Todt e Nico

Rosberg — campeão mundial em 2016 —, dizendo que desejavam sorte em minha carreira de piloto.

***

"Tenho sentido algumas dificuldades para escrever, filhão", comentou meu pai, meio ressabiado. Seguindo nossa tradição de domingo, havíamos almoçado juntos em minha casa e estávamos colocando em dia os acontecimentos da semana. Percebi que ele tentava disfarçar sua aflição, mas acabou deixando claro que não estava no melhor de seus dias quando, em vez de tirar seu cochilo de praxe, optou por ir até a casa de minha irmã. Lá, voltou a falar sobre sintomas estranhos, dessa vez com mais detalhes. Por precaução, Fabiana decidiu levá-lo ao Hospital São Luiz, onde foi apresentado um diagnóstico de derrame isquêmico.

Começava ali uma sequência angustiante de seguidas internações, cuja principal tônica era a incerteza. O quadro de dificuldades funcionais foi se ampliando continuamente, indicando que a hipótese de derrame — considerada por três diferentes hospitais e suas respectivas equipes médicas — não se sustentava. Derrames podem gerar graves sequelas, de diferentes ordens, mas essas não costumam evoluir de forma tão devastadora, como vinha ocorrendo com meu pai. Lembro-me de um dos neurologistas comentando que a maior angústia enfrentada por um médico decorre da ausência de um diagnóstico claro. "Como tratar, sem saber o que tratar?", dizia o doutor Marcelo Calderaro, com uma expressão que sinalizava genuína frustração e impotência.

A batelada de exames e tentativas era exaustiva. Perdemos a conta do número de ressonâncias magnéticas, medicamentos e intervenções. Ao longo daquela corrida por uma resposta, em poucos meses, meu pai perdera todos os movimentos e não conseguia mais se comunicar. Em 23 de janeiro de 2020 — um dia após o retorno de meu irmão Conrado, que estava na Alemanha a trabalho —, nosso eterno herói partiu amparado pela família que tanto o amava. Durante aquela noite que antecedeu o velório, decidi cuidar de minha dor por meio de uma carta de agradecimento que leria no dia seguinte, antes da despedida final.

Querido pai,

Gostaria de ter a capacidade de me lembrar de tudo que você nos ensinou ao longo da vida para poder agradecer cada aprendizado nesse momento. Muito do que sou veio de você.

Me lembro do dia em que começou a me ensinar a jogar bola. Não chutar de bico, organizar o jogo no meio do campo, mirar na forquilha para que meus gols fossem belos. O futebol se tornou minha grande paixão de garoto. Com ele, aprendi a confiar em mim.

Me lembro de quando me ensinou a rezar, dizendo que eu poderia conversar com Deus sempre que me sentisse frágil. Isso me ajudou muito nos momentos de angústia.

Me lembro das inúmeras vezes em que você falou sobre a importância de se ter paciência diante do ciclo natural regido pelo tempo. "Ser paciente, saber esperar, é sinal de sabedoria", você dizia. Nessa virtude, você era nosso mestre.

Outro ensinamento que me marcou muito desde a infância foi sobre a inteligência que reside na humildade. "Nunca seja metido, filho. Quem canta de galo o tempo todo, um dia cai do cavalo. Se perde na arrogância." Não consigo me lembrar de uma cena em que você tenha se colocado como superior a alguém. Desprezado quem quer que fosse.

Aprendi também com você o poder transformador do humor, da brincadeira, da descontração. Quantas vezes choramos de rir ouvindo suas histórias. Leveza é um mantra que escolhi perseguir na vida, em parte graças a você.

E para concluir essa modesta amostra do vasto acervo com que você nos presenteou, não posso deixar de mencionar aquilo que me disse no dia mais difícil da minha vida. Eu estava no hospital, sem saber se iria sobreviver, ansioso para que você chegasse e me acolhesse. Eu estava com muita dificuldade para respirar e com muito medo do que viria pela frente. Quando você chegou, segurou no meu braço e me disse olhando nos olhos: "Fique tranquilo, filho. Faça a sua parte, a gente vai fazer a nossa e vamos vencer isso tudo".

Aquilo passou a ser meu lema. Essas simples palavras me salvaram. Entendi na hora que fazer minha parte significava não cair no limbo da autopiedade. Não perder um segundo com o vazio da queixa, na busca por culpados. Fazer minha parte significava assumir minha responsabilidade pelo meu futuro e canalizar toda minha energia para seguir em frente e remar com todas as minhas forças diante daquele maremoto que surgiu na nossa frente. E quando a tormenta passasse, abraçar e valorizar cada oportunidade que a vida oferecesse.

Uma das melhores coisas que aconteceram nos últimos anos foi ter tido tempo para ficar com você. Estou ciente de que nada vai substituir o prazer da sua presença, suas bochechas macias, a força das suas mãos e a espontaneidade da sua risada. Mas vou me esforçar para converter a falta em fortaleza.

O seu corpo se vai hoje, mas sua essência permanece, imortal dentro dos nossos peitos. No meu, no da Fabi, no do Con, no da mamãe e em todos que te conheceram. Seguirei na busca por atender seu pedido. Na busca por fazer a minha parte, da melhor maneira que eu puder. Para que, quando eu partir, tenha a chance de sentir que fiz por merecer tudo que recebi da vida, fiz *por merecer ter sido seu filho. Te amarei incondicionalmente em carne, em espírito, no eterno.*

Obrigado, pai. Voe em paz...

***

Fevereiro de 2020. Ao desembarcar no aeroporto Charles de Gaulle, entrei em contato com meu anfitrião para avisá-lo que eu já estava à sua espera. Tratava-se de Philippe Streiff, ex-piloto francês de Fórmula 1, que há meses vinha insistindo para que eu passasse alguns dias em sua casa. Havíamos nos conhecido por acaso, no ano anterior, logo após eu ter passado pelo raio X do Galeão, no Rio de Janeiro. Estava recolhendo meus pertences quando fui abordado por Philippe, perguntando se eu poderia ajudá-lo na comunicação com a equipe do aeroporto, dado que ele não falava português e estava tentando se virar com um inglês bem confuso, bastante carregado pelo seu sotaque. Depois de desatarmos o nó linguístico, fomos a um café, trocamos contatos e começamos a nos falar com frequência.

Philippe sofrera um grave acidente em 1989, durante um teste no autódromo de Jacarepaguá. Após perder o controle do carro por causa da quebra da suspensão traseira, atravessou a grade de proteção de cabeça para baixo e capotou várias vezes. Como consequência, havia perdido os movimentos das pernas e, parcialmente, dos braços. Anos mais tarde, foi convocado pelo presidente francês Jacques Chirac para apoiá-lo na criação de uma lei voltada à autonomia de pessoas idosas ou com impedimentos de mobilidade. Publicada em 2005, a *Loi Handicap* vem permitindo que esse público usufrua de um subsídio estatal para financiar despesas voltadas a uma vida independente.

Enquanto eu aguardava a chegada de Philippe no saguão de desembarque, um numeroso grupo de chineses passava pela minha frente e chamava a atenção por um fato, naquela época, considerado inusitado. Todos usavam máscara facial. Lembrei-me de algumas notícias relacionadas ao surgimento de um vírus na cidade de Wuhan. Aquilo parecia algo muito distante da minha realidade, e eu mal me preocupava.

***

Fazia sete meses que a maioria da população mundial estava vivendo em confinamento domiciliar, diante da disseminação daquele vírus que aparentava ser inofensivo. Passou a fazer parte de nossa rotina diária acompanhar gráficos que apresentavam estatísticas de mortes da ordem de centenas de milhares. As especulações iniciais sobre a hipótese da produção de uma rápida imunidade de rebanho tinham caído por terra. A verdade era que nem mesmo autoridades científicas tinham condição de afirmar o que estava por vir. O longo horizonte de tempo demandado para a criação de vacinas, o abismo da economia global e os riscos do colapso dos segmentos sociais mais vulneráveis alimentavam o cenário de incerteza.

Fui afetado pela angústia coletiva em muitos momentos, especialmente quando tentava me projetar no lugar das pessoas que não tinham a opção de um isolamento minimamente confortável. Ou no lugar dos milhões de alunos que não usufruíam de infraestrutura para estudar remotamente e estavam fadados a enfrentar as mazelas de uma brusca interrupção em sua formação. Coloquei-me a pensar sobre como me relacionar com aquela circunstância inédita, de forma a tratar a angústia como fonte de reflexão. Como resultado desse exercício, decidi escrever um livro.

Comecei a enumerar os mares por onde poderia navegar e não demorou muito para que eu definisse o norte daquela aventura. Bastaram algumas conversas com meus amigos mais íntimos para que eu enxergasse a feliz conexão daquele temporário novo mundo com o tema que, há anos, eu vinha explorando: a dinâmica de continuidades, rupturas, deliberações e imposições pelas quais passamos ao longo do tempo.

A pandemia representava a maior imposição enfrentada pela humanidade nos últimos cem anos. Nem mesmo a gripe espanhola e as duas grandes guerras chegaram perto do inimaginável cenário de a população mundial se ver obrigada a se enclausurar por muitos meses. Em outras palavras, estávamos vivendo uma perfeita ilustração de uma ruptura imposta, seguida de estagnação, e cujo enfrentamento dependia de mudanças deliberadas que visassem novos períodos de estabilidade — conceitos estruturantes do modelo em que eu havia me baseado para construir minha palestra durante o Fórum de Davos, em 2013.

O projeto de um livro já existia há bastante tempo. Em 2008, logo após alguns veículos de mídia terem abordado minha nomeação para o Young Global Leaders, recebi convites de diferentes editoras interessadas em minha biografia. Honestamente, eu me considerava muito jovem para tal propósito. Achava que ainda tinha muito a aprender antes de me dispor a transmitir mensagens que valessem, de fato, a pena. Era como se eu fosse queimar a largada. Por outro lado, minha vida profissional me estimulava a me lapidar, e eu estava envolvido de corpo e alma com os objetivos que tinha assumido para o Instituto Rodrigo Mendes. Ia para o trabalho transbordando motivação e não fazia parte dos planos frear aquele barco a todo vapor em virtude da volumosa dedicação exigida por um livro. Trabalhar com um ghost-writer não era uma opção, dado que tenho muito prazer em escrever e acabaria mexendo em cada linha do texto que eu recebesse para a revisão. O que consumiria tanto tempo quanto redigi-lo de punho próprio.

O empurrão mais recente havia sido dado por Lázaro Ramos. Nos conhecemos em 2018, durante a gravação de um programa ligado ao Criança Esperança — tradicional iniciativa da Rede Globo voltada a angariar doações para projetos sociais em diversas partes do Brasil. Eu estava nos camarins, aguardando pelo início do meu painel, quando vi Lázaro sentando-se ao meu lado, prestes a experimentar um pedaço do sanduíche de metro que estava sendo oferecido aos participantes. Foi logo puxando conversa e mostrando que sua simpatia, transmitida pelos personagens que interpretara, não se tratava de capacidade teatral, mas de sua essência. O papo estava ótimo e, para minha sorte, o momento de minha entrada em cena atrasou, permitindo que iniciássemos um elo que viria a se transformar em amizade.

Passados alguns meses, recebi uma mensagem de Lázaro dizendo que estava em São Paulo e gostaria de me entregar pessoalmente alguns ingressos para sua peça sobre Martin Luther King Jr. Conversamos por algumas horas em minha casa, quando pude conhecer passagens de sua vida pregressa ao estrelato. Com alegria, falou sobre os desafios da época em que ajudava sua mãe a se locomover em uma cadeira de rodas e das felizes descobertas que vinha fazendo diariamente, desde o nascimento de seus dois filhos.

Antes de se despedir, me abraçou com força e disse, sorrindo, que já estava mais do que na hora de eu publicar um livro sobre minhas experiências pessoais. Fazia pouco tempo que ele havia lançado o best-seller *Na minha pele*, e se colocou à disposição para me apresentar à sua editora, a quem se referiu com vários elogios. Eu continuava achando que esse projeto deveria ser deixado para um futuro incerto. Dois anos mais tarde, a pandemia trouxe a resposta sobre essa data.

***

Até 2020, o ciclo completo de desenvolvimento e liberação de uma vacina para aplicação em escala levava de oito a dez anos. Essa realidade passou por uma revolução sem precedentes, provocada por cientistas de todas as partes do mundo, que se uniram para combater a pandemia de covid-19. Vacinas assinadas por diferentes laboratórios foram criadas em meses.

Parte dessa história começou meio século antes, quando a família de Uğur Şahin, garoto nascido na Turquia, decidiu migrar para a Alemanha, onde seu pai trabalhava como operário em uma fábrica da Ford. Desde pequeno, Uğur tinha fascinação pela ciência e gastava boa parte de seu tempo debruçado sobre livros que pegava na biblioteca de Colônia, cidade onde viveu por muitos anos. Graças ao apoio de seu vizinho, conseguiu acesso a um *Gymnasium* — tipo de escola necessária para o ingresso no ensino superior, tradicionalmente restrito a alemães. Apesar dos entraves decorrentes do explícito preconceito enfrentado por cidadãos turcos, formou-se em medicina e concluiu, com nota máxima, seu doutorado voltado à imunoterapia contra células tumorais.

Anos mais tarde, enquanto trabalhava no hospital da Universidade do Sarre, Uğur conheceu Özlem Türeci, médica de ascendência turca que viria a se tornar sua esposa. O casal compartilhava o sonho de revolucionar a cura do câncer, tema que já vinha sendo objeto de suas pesquisas. Para acelerar a árdua jornada exigida para o cumprimento desse objetivo, decidiram empreender no setor farmacêutico e criaram a Ganymed Pharmaceuticals. A empresa surgiu em 2001 e destinou seus investimentos para terapias voltadas ao tratamento do câncer por meio de métodos extremamente inovadores, o que envolvia consideráveis níveis de incerteza e risco.

Tendo em vista que a mutação genética das células cancerígenas apresenta particularidades específicas em cada paciente, os dois cientistas achavam que o tratamento não deveria ser padronizado com cirurgias, quimioterapias e radiação prescritos uniformemente. Sua visão era de que cada paciente precisava de uma receita customizada para seu caso. Nesse sentido, apostavam que a capacidade de defesa do corpo humano perante o ataque de bactérias ou vírus poderia ser programada para desarmar os tumores malignos. O negócio superou a inicial desconfiança de certos formadores de opinião do mercado farmacêutico, engatou em uma ascendente curva de credibilidade e, quinze anos após sua fundação, foi vendido por um bilhão e meio de euros. Na sequência, o casal deu um novo passo em sua trajetória de empreendedorismo e criou uma nova companhia, batizada de BioNTech.

No início de 2020, quando boa parte do mundo interpretava as notícias sobre o Sars-Cov-2 como um episódio distante, restrito à China, Uğur e Özlem perceberam a gravidade dos fatos e decidiram mudar o norte de sua bússola. Acreditavam que todo o conhecimento que vinham construindo para vencer o câncer poderia ser redirecionado para a luta contra o coronavírus. Ainda em janeiro, lançam o projeto "Velocidade da Luz" e assumem a meta de desenvolver uma vacina em tempo recorde. Convocam seus funcionários para uma força-tarefa que envolvia jornadas de trabalho ininterruptas. Todos concordam. Faltava ampliar a capacidade operacional da empresa por meio da parceria com alguma gigante do setor. A Pfizer aceita o convite e embarca na missão.

As vacinas disponíveis até aquele momento continham vírus ou bactérias que eram injetadas em nosso corpo para que o sistema imunológico identificasse a ameaça e acionasse mecanismos de defesa. Algumas delas eram feitas com fragmentos desses microrganismos. A dosagem era minuciosamente calculada para evitar riscos ao receptor. A dupla de médicos queria investir em outra estratégia: estimular o próprio corpo humano a produzir a proteína do vírus. O plano era injetar no organismo o pedaço do código genético viral que carrega as instruções para a fabricação dessa proteína e dar de bandeja o guia para que nossas células a fabricassem. Ao caírem na corrente sanguínea, nosso exército seria acionado.

Em novembro do mesmo ano, a BioNTech anunciava que sua vacina contra a covid-19 era capaz de prevenir que mais de 90% das pessoas desenvolvessem a doença. O valor de suas ações saltou exponencialmente, tornando Uğur e Özlem membros da lista das cem pessoas mais ricas da Alemanha. Em resposta a um jornalista do Financial Times, que perguntara sobre as lições aprendidas, o casal recorreu ao ditado alemão: "Nada de bom acontece, a menos que você faça acontecer". Na ocasião, viviam em Mainz, onde ficava a sede da empresa. É, no mínimo, curioso pensar que, nessa mesma pequena cidade alemã, Johannes Gutenberg revolucionou a história da humanidade ao criar a tipografia, invento considerado o mais importante do segundo milênio depois de Cristo.

***

Eu e Carol nos conhecíamos há anos. Em geral, tivemos encontros muito rápidos durante eventos promovidos pelo Instituto Rodrigo Mendes e outras ocasiões profissionais do terceiro setor. Cada um deles guardava em comum o forte desejo de que a duração daqueles breves contatos se alargasse para um tempo sem fim.

Durante a pandemia, a vida seguiu seus rumos, me oferecendo novos presentes. O maior deles foi minha conexão, em todos os níveis, com essa sonhada mulher, cuja alegria, espontaneidade e beleza passaram a fazer parte da minha existência. A cada amanhecer, amo-a em novas proporções.

Junto dela, recebi o privilégio de poder conviver com seu filho, Mateus, brilhante garoto que nos encanta com suas descobertas e sábias opiniões. Sua paixão pelo esporte e sensibilidade para a música me levam o tempo todo de volta à minha infância.

***

Em meados de 2022, quando as estatísticas referentes à pandemia indicavam que o pesadelo da vida em isolamento estava chegando ao fim, voltei a pensar com mais frequência no projeto One Flame. Estávamos a dois anos dos Jogos de Paris, cidade que tinha todos os predicados para ser o palco da união das chamas olímpica e paralímpica.

Foi lá que o Barão de Coubertin promoveu as primeiras Olimpíadas da era moderna, após um hiato de 1500 anos em relação às competições que ocorriam na Grécia Antiga. Além disso, os organizadores do evento haviam comunicado ao mundo que Paris 2024 seria a Olimpíada da inclusão. Por fim, pela primeira vez na história a logomarca dos Jogos Olímpicos e Paralímpicos seria a mesma e tinha o formato de uma chama. Quando isso foi anunciado, cheguei a suspeitar que já era um desdobramento da mobilização que vínhamos fazendo ao redor do mundo desde 2016.

Convidei um grupo de amigos entusiastas do One Flame para debater estratégias de reativação do projeto. Nossa meta ainda era apresentar a proposta da conexão das chamas para Thomas Bach, presidente do Comitê Olímpico Internacional. Em suas mãos estava o poder para tomar decisões referentes aos protocolos seguidos pelos jogos. Saímos da reunião com duas tarefas: recontatar pessoas-chave que já haviam se comprometido a apoiar a iniciativa e buscar uma aproximação com o Papa Francisco. Essa ideia veio de Renata Biselli, uma querida amiga, bastante envolvida com a igreja católica. A tese era que, caso o Papa embarcasse no grupo de defensores do One Flame, ganharíamos uma poderosa ponte para nos conectar a Bach.

Fiquei responsável por conversar com David Eades, âncora do jornalismo da BBC de Londres, que vinha me dando conselhos há alguns anos, dado seu vasto conhecimento sobre os bastidores dos megaeventos esportivos internacionais. Tínhamos nos conhecido em Barcelona, quando ele mediou um painel organizado pelo Unicef, em que fiz uma palestra sobre o One Flame. Desde então, David havia se tornado um fiel embaixador do projeto.

Não tardou para que ele me retornasse, agendando uma videoconferência. David apareceu na tela do Zoom usando uma camisa xadrez vermelha e preta, que lembrava de um lenhador. Após fazer algumas brincadeiras a respeito de seu retiro no interior da França, perguntou se eu já havia recebido o convite para a conferência sobre esporte inclusivo que ocorreria no Vaticano. Mencionou que eu estaria provavelmente no mailing do evento e não deveria perder a oportunidade por nada, tendo em vista que grandes lideranças estariam presentes.

Poucos dias depois, recebo por e-mail uma carta me convidando para um encontro internacional intitulado "Esporte para todos — coesivo, acessível e sob medida para cada um". O brasão do Vaticano no cabeçalho do documento laçou minha atenção. Ao abrir o anexo com a programação do evento, quase caí para trás quando li a lista de participantes. Thomas Bach e o Papa, em pessoa, estariam presentes. Para completar, a conferência ocorreria na última semana de setembro — período que eu e Carol tínhamos, há meses, reservado para uma viagem de casal, exatamente para a Itália — e terminaria no dia 30, data do meu aniversário.

Já com adrenalina correndo pelas veias, liguei para Carol para dividir a improvável convergência de coincidências.

***

Pousamos em Roma no domingo, dia 23 de setembro. Nosso plano era conseguir o apoio oficial do Papa ao One Flame antes do início da conferência e apresentar a proposta a Thomas Bach durante sua estadia no Vaticano. Para isso, dois habilidosos aliados tinham entrado em ação.

De um lado, Dom Geraldo Gonzalez — monge beneditino extremamente influente na igreja, que morava há tempos na Itália — estava acionando vários canais para tentar uma audiência com o Papa. Tínhamos nos conhecido pouco tempo antes em São Paulo. Bastaram algumas conversas para iniciarmos uma amizade que, logo no primeiro dia, trazia mais um exemplar para nossa coleção de coincidências daquele período: descobrimos que ele havia rezado a missa da minha primeira comunhão, quando eu tinha onze anos de idade.

Apesar dos esforços de Dom Geraldo, estávamos ainda no escuro quanto ao êxito da empreitada. A saúde do Papa andava debilitada e ele não estava assumindo compromissos. Até mesmo sua tradicional audiência pública — realizada todas as quartas-feiras na praça São Pedro — ainda não havia sido confirmada no site que divulgava sua agenda. Essa, no entanto, parecia ser nossa única chance.

Por outro lado, David Eades entrou em campo com seu prestígio de jornalista renomado e enviou ao COI uma solicitação de reunião entre Bach e eu durante a conferência. Fomos informados de que a passagem dele pelo Vaticano seria rápida e, dificilmente, ele teria tempo para fazer encontros adicionais. Mesmo diante de todas essas incertezas, nos restava seguir apostando no plano.

Na noite de terça-feira, estávamos visitando o mosteiro onde Dom Geraldo morava, quando finalmente recebemos a confirmação de que a audiência pública do Papa iria ocorrer. O local ficava no alto de uma colina romana, com vista para toda a cidade, com o Vaticano ao fundo. De lá, começamos a imaginar como seria a cena do encontro com o chefe da Igreja católica.

Dom Geraldo explicou que precisávamos chegar às sete horas da manhã no portão que dava acesso aos visitantes, de forma que tivéssemos tempo suficiente para passar pelo raio X da segurança e por toda a multidão que costuma se aglomerar na praça São Pedro. Ele estava convicto de que os ingressos que havia conseguido nos dariam acesso à primeira fileira de cadeiras, situada no topo da praça, bem ao lado do altar de onde a missa seria conduzida.

No dia seguinte, ao sairmos do hotel, o céu estava ainda escuro e o café da manhã nem havia sido servido. Eu e Carol vestíamos o figurino recomendado oficialmente para reuniões com o Papa: terno escuro e camisa branca para homens, vestido preto para mulheres. A expectativa de que seríamos um dos primeiros a chegar foi logo por água abaixo quando nossa van alcançou o portão indicado e nos defrontamos com um formigueiro de gente na fila.

Sabíamos que eu teria prioridade em virtude da cadeira de rodas. Quando estávamos prestes a acessar o setor reservado a autoridades, bem próximo ao palco, fomos bloqueados por um segurança de terno e gravata, dizendo que deveríamos ficar na última fileira daquele ambiente. Depois de vencer o oficial pelo cansaço, fomos encaminhados para os assentos frontais, de onde pudemos assistir de camarote a emocionante chegada do Papa e cada detalhe da missa, rezada em vários idiomas.

Tudo corria bem, mas a tarefa de lograr respaldo ao One Flame parecia ainda distante. Eu havia imprimido uma carta que apresentava o projeto e solicitava o apoio oficial de Sua Santidade. O envelope já estava no bolso interno do meu paletó. Faltava a oportunidade de uma conversa olho no olho.

Terminada a missa, a multidão foi se dissipando rumo à saída da praça. Estávamos quase nos conformando com a inviabilidade do plano quando notamos uma pequena fila se formando na rampa atrás do tablado. Obviamente, tratava-se de um acesso hiper controlado, mas não custava tentar.

Tudo passou muito rápido. Quando nos demos conta, eu e Carol ocupávamos o centro do palco, frente a frente com o Papa Francisco, ainda sentado em seu trono. Com um olhar que expressava sabedoria e generosidade, mostrava-se à nossa disposição. Tentando controlar a emoção, lembrei-me das orientações de Dom Geraldo e falei: "Querido Papa. Obrigado por nos receber. Me chamo Rodrigo e sou responsável por um projeto voltado às periferias existenciais. Nosso objetivo é enviar uma mensagem de esperança ao mundo, por meio da unificação das chamas olímpicas e paralímpicas. Viemos solicitar seu apoio para essa iniciativa".

Enquanto eu falava, senti o Papa segurando meu braço. Carol, em sincronia, tirou a carta do meu paletó e entregou-a ao pontífice, que se mostrava atento a cada palavra. Com delicadeza respondeu: "Entendo a importância e abençoo o projeto". Levantou sua mão direita, fez o sinal da cruz e pronunciou a expressão da Santíssima Trindade. Nos despedimos e descemos a rampa em silêncio, completamente impactados pela força transmitida por aquele homem santo.

***

Após sair da coletiva de imprensa sobre a conferência — na qual tive a oportunidade de falar sobre o One Flame aos jornalistas presentes —, enviei uma mensagem a David, informando que havíamos conseguido a bênção do Papa ao projeto. Ele acabara de pousar em Roma para participar do evento e seguia em contato com a equipe do COI, no esforço de conseguir uma brecha na agenda de Thomas Bach.

A programação do primeiro dia foi bastante intensa. A plateia era formada por cerca de 150 lideranças, especialistas e ativistas do campo do esporte, que representavam vários países. A maratona de palestras e painéis visava fomentar discussões que pudessem favorecer o cumprimento do grande objetivo daquele encontro: publicar uma declaração internacional sobre o papel do esporte para um mundo mais igualitário. Mesmo sabendo que Thomas Bach chegaria somente no último dia, acompanhávamos entusiasmados as apresentações que indicavam a complexidade do tema em pauta.

Durante o almoço, reencontrei Andrew Parsons, presidente do Comitê Paralímpico Internacional, com quem não conversava havia mais de três anos. Contou-me do enorme desafio enfrentado nos Jogos de Tóquio, em 2021, conduzidos ainda em meio à pandemia, com todas as restrições que isso impunha. Mais tarde, durante sua palestra, Andrew foi bastante enfático ao falar sua opinião em relação à separação completa entre Olimpíadas e Paralimpíadas: "Para nós, esse modelo faz sentido e deve continuar. As Paralimpíadas representam o único momento em que bilhões de pessoas param para observar e refletir sobre as pessoas com deficiência". Vários rostos da plateia reagiram com testas franzidas após tal afirmativa, claramente desafinada com as pretensões do evento.

Essa posição de Andrew e sua consequente resistência ao próprio One Flame já haviam ficado claras em nossas reuniões anteriores. Eu compreendia seu ponto de vista quanto às outras prioridades com as quais havia se comprometido em sua eleição, ao mesmo tempo que tinha consciência das implicações comerciais e jurídicas relacionadas a qualquer mudança em megaeventos globais. No entanto, minhas inúmeras leituras e consultas a especialistas, feitas desde 2016, me levavam a continuar acreditando que todos poderiam sair ganhando com a empreitada, desde que construída estrategicamente por ambas as partes. Ao mesmo tempo, ainda estava viva em minha memória a frase de Andrew dizendo que, caso Bach quisesse implementar a ideia, ele tinha toda a condição política de fazê-lo.

Terminamos o dia com uma visita à Capela Sistina e ao Museu do Vaticano oferecida aos participantes da conferência. Nos sentíamos honrados por estar testemunhando de perto a magnífica obra de Michelangelo, tão citada nos cursos de história da arte que frequentei no período em que o IRM era uma escola. No entanto, só conseguia pensar em como seria o dia seguinte, quando Thomas Bach chegaria para assinar a declaração internacional gerada pelo evento.

***

Amanheci com balões de festa de aniversário e um bilhete de amor preparados por Carol. Mesmo no meio de toda aquela correria, ela tinha se dado ao trabalho de preparar uma surpresa, recheada de beijos e abraços. Como sempre, nenhuma preocupação era capaz de prejudicar esses momentos em que estávamos inteiros um para o outro.

O dia começou com uma missa na Basílica de São Pedro, destinada aos participantes do evento. Para agilizar o acesso, fomos conduzidos por uma entrada na lateral esquerda daquela impressionante igreja, até chegarmos à primeira fileira em frente ao altar. O cardeal responsável já começava a pronunciar suas primeiras palavras, quando olhei para a direita e notei que Thomas Bach estava presente, acompanhado de autoridades.

Terminada a celebração, o grupo caminhou até o auditório Paulo VI para que a conferência pudesse ser retomada. O grande destaque da manhã foi a palestra de Bach. Sua simpatia, presença de palco e habilidade com as palavras evidenciavam o motivo de ter sido escolhido presidente do Comitê Olímpico Internacional. Ao longo de sua explanação, destacou as várias iniciativas que o COI vinha implementando com objetivo de cumprir com sua responsabilidade de promover a paz e a tolerância ao redor do mundo.

Toda sua argumentação tinha como pano de fundo a nova versão do lema olímpico, criada em resposta aos desafios impostos pela pandemia. Visando enfatizar o poder unificador do esporte e a importância da solidariedade, foi adicionado um novo verbete ao final do lema, que se reconfigurou para "mais rápido, mais alto e mais forte — juntos". Durante o anúncio da emblemática atualização desse cânone secular, em julho do ano anterior, Bach declarou: "Só podemos ir mais rápido, só podemos almejar mais alto, só podemos nos tornar mais fortes permanecendo juntos — em solidariedade".

Após receber calorosos aplausos, Bach deixou o auditório às pressas. O terreno parecia estar mais fértil do que nunca para a introdução do One Flame. Fui ao encontro de David, que se mostrou otimista dizendo que o time de relações públicas do COI havia dado retorno: "Bach já sabe da sua presença e tentará te receber durante o almoço".

***

Faltava meia hora para o término dos workshops promovidos no final da manhã. Resolvi me antecipar e peguei o elevador em direção ao foyer do prédio, onde seria servido o almoço. O grande salão, ocupado por dezenas de mesas redondas já cobertas por toalhas, louças e talheres, estava deserto. Nem mesmo os funcionários haviam dado o ar da graça.

Imaginei que tinha tempo de sobra e me posicionei em uma das laterais, de onde conseguia enxergar todo o ambiente. Enquanto colocava meus e-mails em dia, olhei para o lado oposto e tomei um susto. Bach caminhava sozinho, em busca de uma xícara de café. Éramos somente nós dois naquele enorme recinto. Enviei uma mensagem para David o mais rápido que pude: "Consegue vir agora no salão do almoço? Ele já está aqui". Por sorte, a resposta chegou imediatamente: "A caminho. Me espere".

Repetindo a estratégia usada com o Papa, inseri no bolso do meu paletó um envelope com uma carta de apresentação do One Flame. David chegou em segundos, com o rosto vermelho e a respiração acelerada, como quem acabara de terminar uma prova de cem metros rasos. Olhando em direção a Bach, que já estava acompanhado de um assessor, deu o comando: "Melhor irmos agora!".

Ao nos aproximarmos, David conduziu uma introdução impecável me colocando de frente para o gol. Para não ir com muita sede ao pote, comecei me referindo à grande admiração que eu tinha pela sua forte liderança à frente do COI e coragem em promover mudanças. Fiz uma rápida referência ao meu passado como remador e testemunha do quanto o esporte pode atuar como um poderoso veículo de transformação. Buscando deixar claro que eu tinha consciência de meu lugar, completei: "Com o intuito de contribuir com a implementação da sua visionária atualização do lema olímpico, eu gostaria de humildemente apresentar uma proposta de conexão simbólica entre as chamas olímpica e paralímpica, chamada One Flame, que havia sido concebida durante um encontro do Fórum Econômico Mundial, em Tóquio".

Depois de ouvir compenetrado cada detalhe de minha explicação, Thomas disse que estava ciente de minha história e esforço para promover uma maior inclusão ao redor do mundo. Com elegância, agradeceu a sugestão, ressaltando que a considerava extremamente interessante e pertinente. Enquanto David abria o envelope para entregar a carta, notei que a equipe de comunicação responsável pela cobertura da conferência já nos rodeava, com um fotógrafo e um jornalista que segurava um microfone. Na sequência, Bach me presenteou com uma gravata na qual estavam gravados os cinco arcos que compunham o emblema olímpico e me convidou para uma foto em frente ao painel destinado à imprensa.

Para minha surpresa, fez questão de segurar minha carta com o timbre One Flame antes dos cliques que entrariam para os registros do evento. Ao se despedir, reforçou seus agradecimentos e explicou que levaria a ideia ao Conselho do COI.

Enquanto nos deslocávamos de volta para o espaço em que o almoço já estava sendo servido, David não se conteve e resumiu seu indisfarçável entusiasmo com a frase: "Incrível, incrível!". Mesmo cientes de que aquela aparente vitória nada mais era do que um primeiro passo de uma complicada jornada, repleta de arestas e incertezas, fomos brindar aquele encontro esperado por tantos anos.

***

A última tarde da conferência teve início com o comunicado de que o Papa Francisco, apesar de suas restrições de saúde, viria ao encerramento para assinar a declaração internacional "Sport for all". E para satisfação do grupo, daria sua bênção a cada um dos presentes.

Poucas horas depois, a improvável cena se repetia. Eu e Carol estávamos novamente à frente de Sua Santidade. Dado que nossa missão havia sido cumprida na audiência da praça São Pedro — e o projeto One Flame já tinha recebido a chancela que almejávamos —, resolvi aproveitar aquela rara oportunidade para pedir a bênção a nós, como casal. Expressando seu afetuoso sorriso, o Papa fez o sinal da cruz e desejou felicidade em nossa união.

Naquela noite de despedida dos inesquecíveis momentos no Vaticano, saímos para jantar com Dom Geraldo e celebrar meu aniversário. Fomos até uma espécie de taverna com uma iluminação amarelada que lembrava velas. O alto volume das conversas vindas das mesas aglomeradas no apertado restaurante criava uma atmosfera de festa.

A conversa e a comida estavam ótimas. Podíamos finalmente desfrutar de nossa mágica presença na Itália sem precisar nos preocupar com horários de compromissos. O momento tornou-se ainda mais intenso e feliz quando Dom Geraldo, para nossa surpresa, colocou sobre a mesa uma pequena sacola, de onde tirou um livro e uma estola. Assumiu uma postura mais serena e explicou: "Preparados? Vou agora conduzir uma cerimônia para abençoar o amor entre vocês". Eu e Carol nos olhamos e embarcamos em nosso segundo rito matrimonial do dia.

Na manhã seguinte, partimos em direção às termas de Saturnia para dar início à nossa semana de férias, agora com status de lua de mel.

***

Há, ainda, um longo caminho a ser percorrido para que a ideia do projeto One Flame se torne realidade. Mas voltamos ao Brasil com a certeza de que uma boa parte da rota havia sido navegada em Roma.

Considerações finais

Este livro nasceu com a pretensão de provocar leitores e leitoras a refletir sobre a dinâmica de continuidades e rupturas que constitui nossas trajetórias. Somos coautores desse movimento que nos impacta constantemente e raramente pensamos com profundidade sobre como reagimos perante sua implacável influência em nossas rotas de navegação.

Todos nós levamos solavancos quando a força da maré arranca o leme de nossas mãos. Ainda que tomemos todas as precauções para evitá-los, eles são imprevisíveis, fogem ao nosso controle e sempre farão parte da jornada. Em vez de consumirmos energia discutindo por que eles existem, me parece mais relevante pensar sobre o que fazer quando esses maremotos nos assolam. Mesmo tendo se tornado uma espécie de jargão, vale relembrar as aspas de Jean-Paul Sartre, de quem eu tomo a liberdade para ajustar o tempo verbal: "Não importa o que a vida faz de você, mas o que você faz com o que a vida faz de você".

As histórias que escolhi para preencher os capítulos foram selecionadas em virtude de sua ligação direta com o objetivo do livro. Essas narrativas ilustram os movimentos que desempenhamos, inclusive quando os ponteiros de nosso painel indicam que estamos parados. Citarei alguns exemplos, explorando o modelo que apresentei anteriormente e seus respectivos quadrantes.

Após ter decidido realizar sua famosa expedição para o continente antártico, Ernest Shackleton viveu um período de mudanças por opção, intercalado por fases de estabilidade. Esse ciclo mudou de rumo no momento em que seu barco *Endurance* foi freado pela solidificação do mar. O gelo atuou como uma barreira intransponível, que obrigou o capitão e sua tripulação a passarem nove meses encalhados, à espera do derretimento e da retomada do roteiro planejado. No entanto, uma nova mudança por imposição surgiu quando o casco do veleiro foi destruído pela pressão das placas de gelo. Contra sua vontade, o grupo de aventureiros se viu sem nenhuma alternativa, a não ser abandonar o navio e lutar pela sua sobrevivência em condições totalmente adversas. Durante uma longa temporada, viveram em precárias barracas, sendo constantemente desafiados pelas baixas temperaturas, ventos incessantes e corrosiva umidade.

Conforme as placas foram rachando, Shackleton percebeu que havia chegado o momento de enfrentar novamente o impiedoso oceano que separa a América do Sul da Antártica, na tentativa de salvar sua equipe de 27 exploradores. Lançaram-se ao mar em busca de terra firme, dividindo-se entre os três pequenos barcos salva-vidas que sobraram do *Endurance*. Graças a essa deliberação, romperam com a desesperadora estagnação imposta pela força da natureza e navegaram até uma ilha inóspita, afastada de rotas marítimas. Consciente de que não durariam muito tempo ali e que todos já estavam passando do limite de sua resistência, Shackleton decidiu retornar ao mar acompanhado dos seus dois melhores tripulantes para tentar voltar à Geórgia do Sul, estação baleeira onde encontraria socorro. Após uma série épica de novos entraves e imprevistos, conseguiu chegar ao seu destino. Como desfecho, angariou recursos para regressar à desconhecida ilha onde havia deixado seus homens. Resgatou-os e honrou o compromisso de voltar à Inglaterra com todos vivos.

A história de Nelson Mandela, além de ter sido minha fonte de inspiração para construir meu discurso em Davos, pode também ser vista como uma excelente referência para ilustrar o modelo sobre a dinâmica da trajetória humana. Como a maioria das pessoas no período da infância, Mandela passou por diferentes situações de imposição, marcadas tanto por continuidades como por rupturas. O ambiente em que foi criado, suas responsabilidades com o rebanho de gado, a primeira escola onde estudou, a ida para o palácio de Jongintaba e a perda de seu pai quando ainda era um menino traduzem movimentações ocorridas entre os quadrantes de estagnação e mudança por imposição.

No entanto, podemos imaginar que, mesmo criança, Mandela teve momentos de deliberação que geravam estabilidade e permitiam mudanças por opção. Isso se torna mais evidente no fim da adolescência, quando ele conquistou autonomia para tomar decisões e perseguir seus sonhos. A entrada na vida política e a liderança das ações de enfrentamento do governo são exemplos emblemáticos de rupturas deliberadas que foram constituindo sua trajetória.

A condenação e o período de 27 anos em que Mandela ficou preso configuram uma vigorosa mudança por imposição seguida de um longo período de estagnação. É curioso notar que, ao contrário do que o governo sul-africano almejava, o encarceramento acabou fortalecendo a imagem de Mandela — não só em seu país, mas em diversas regiões do planeta. Em 1990, o mundo celebrou a liberdade do líder que entrou definitivamente para a seleta lista de homens cuja inteligência, coragem e perseverança mudaram os rumos da história, de forma a deixar um legado eterno na alma e no coração da humanidade.

Retomando a pergunta que tenho feito a diversas plateias ao longo dos últimos quinze anos, qual seria o quadrante da matriz mais propício para que naveguemos em direção à realização pessoal (definida como o desenvolvimento máximo de nosso potencial humano): a estabilidade, a estagnação, a mudança por opção ou a mudança por imposição? A busca pela resposta nos permite construir uma série de relativizações e contrapontos que mostram a complexidade inerente a qualquer história de vida. As múltiplas e simultâneas dimensões — social, profissional, conjugal, entre outras — se inter-relacionam de forma imprevisível, tornando imprecisa a tarefa de identificar quais quadrantes foram de fato mais decisivos em cada episódio. Trata-se de um campo fértil para interpretações difusas. Muitas delas, enganosas ou ilusórias.

No entanto, assim como fiz no capítulo em que apresentei o modelo da matriz, acho que vale correr alguns riscos e perseguir referências que acredito serem úteis diante de nossa responsabilidade de navegar por mares intermitentes. Nesse sentido, me parece plausível considerar que não existe um quadrante melhor ou mais favorável para alcançarmos nossa realização pessoal. Cada um deles pode se tornar uma preciosa fonte de desenvolvimento e aprendizagem, desde que sejamos capazes de preservar nossa autonomia de pensamento, exercer um olhar analítico e, acima de tudo, perceber novas oportunidades. Isso se aplica também às temidas situações de imposição para as quais somos arremessados por ventanias que impactam nossas embarcações, muitas vezes sem dar sinais de que chegariam.

Viktor Frankl, psiquiatra austríaco que criou uma escola da psicologia conhecida como logoterapia, explorou vastamente essa temática e produziu evidências de que não existe correlação entre nosso nível de deliberação e realização pessoal. Algumas de suas convicções podem ser observadas neste trecho de uma de suas obras: "O homem não é livre de certas condições. Mas é livre para tomar posições diante delas. As condições não o condicionam inteiramente. Dentro de certos limites, depende dele se sucumbe, e se deixa limitar pelas condições ou não...". Professor de neurologia e psiquiatria, Frankl afirmava ser plenamente consciente dos limites aos quais o homem está sujeito pelos condicionamentos biológicos, psicológicos e sociológicos. Afinal, além de ser professor, foi também um sobrevivente dos campos de concentração entre 1942 e 1945. Como tal, testemunhou o incrível grau a que pode chegar um ser humano ao enfrentar as piores adversidades.[*]

De certa forma, podemos pensar que Nelson Mandela obteve sucesso ao longo do seu período na prisão, ou seja, durante uma fase de estagnação. Essa continuidade imposta, indesejada, atuou como um dos vetores que fomentaram um movimento em âmbito internacional, cujo desfecho foi a libertação de um líder fortalecido, que viria a se tornar o primeiro presidente negro da África do Sul. Acima de tudo, levaria ao fim do regime do apartheid. E esses eram assumidamente seus grandes objetivos.

A grandiosa narrativa de Mandela foi explorada em diversos livros, estudos e filmes. Um dos aspectos que mais despertam a curiosidade de quem observa os detalhes que compuseram sua jornada é o conjunto de mecanismos que ele desenvolveu e adotou para sobreviver a tantos anos de aprisionamento sem deixar que sua saúde mental, seus ideais e sua força fossem devastados. Ao falar sobre eles, em diversas ocasiões, Mandela destacou a

---

[*] Viktor E. Frankl, *Um sentido para a vida: Psicoterapia e Humanismo*. São Paulo: Ideias e Letras, 2005, p. 42.

leitura frequente de um poema de William Henley, escrito em 1875, período de grande prosperidade do império britânico sob o comando da rainha Vitória, intitulado "Invictus":[*]

[...]

Além deste lugar de ira e lágrimas,
Agiganta-se o horror das sombras,
E, ainda assim, a ameaça dos anos
Me encontra, e me encontrará, sem medo.

Não importa quão estreito seja o portão,
Quão cheio de punições o pergaminho,
Eu sou o mestre do meu destino,
Eu sou o capitão da minha alma.

O poema nos incita a considerar a hipótese de que, mesmo quando estamos enfrentando uma imposição do ambiente externo, podemos preservar nossa autonomia de pensamento e continuar deliberando sob o ponto de vista do nosso universo interno. Nesse sentido, uma fase de estagnação não impede que uma pessoa siga aprendendo, desenvolvendo novas competências e se fortalecendo, de forma a ser capaz de identificar oportunidades para futuros movimentos em sua trajetória e conduzir esses movimentos da melhor maneira possível. Freud também reconheceu essa liberdade humana de mudar e melhorar, uma vez que definiu, em certa ocasião, o objetivo da psicanálise como sendo o de dar ao ego do paciente a liberdade de escolher uma estrada ou outra.

[*] William Ernest Henley, *Invictus*. Trad. de Ana Rüsche. São Paulo: Edições Barbatana, 2020.

Apesar de não terem nenhum tipo de pretensão científica ou comprobatória, essas suposições se conectam ao meu argumento sobre resiliência apresentado em Davos, ao qual me referi ao longo deste livro. Na ocasião, assumi a definição de resiliência como sendo a capacidade de um material de retornar ao seu estado original após ter sofrido uma deformação gerada por algum tipo de impacto ou pressão. Para problematizar o uso exaustivo e, muitas vezes, superficial da ideia, estabeleci contrastes com outro conceito da física, denominado plasticidade: a capacidade de um material de se moldar, se transformar e se desprender da forma anterior.

Conforme defendi, acredito que quando somos confrontados por uma mudança imposta, indesejada, nossa tendência é querer retornar à situação anterior. Na posição de alguém que experienciou isso na pele, posso afirmar que não aceitei a ruptura que arrancou boa parte da proa do meu barco quando eu iniciava minha vida adulta, e passei anos canalizando todos os meus recursos e meu tempo para voltar a ser um jovem remador, fisicamente independente. Me parece que quando isso é possível, vale assumirmos uma atitude de resiliência quanto à nossa ação e lutar, com todos os nossos esforços, pelo retorno à condição anterior. Inúmeros esportistas, totalmente desacreditados após passarem por lesões severas, empenharam suas aptidões para se recuperar e voltar a competir no exigente e restrito universo do alto rendimento.

Por outro lado, quando isso não é possível, a insistência torna-se geradora de sofrimento, limita o desenvolvimento e a percepção de novas oportunidades. Nesses casos, penso que a melhor alternativa é se desprender da condição passada e promover uma ruptura deliberada, ou seja, mudar por opção. Após ter dedicado três anos a incontáveis sessões de fisioterapia e diversos tratamentos, tive uma tomada de consciência. Havia feito tudo o que podia para resgatar minha configuração física anterior, e chegara a hora de adaptar a forma com a qual eu tinha aprendido a remar — de maneira que meu barco pudesse seguir viagem, depois de uma prolongada pausa na beira da raia. Nessas circunstâncias, a analogia com o conceito de plasticidade se mostra mais apropriada.

No entanto, em ambas as situações — havendo ou não a possibilidade de retorno à condição anterior —, sustentei a ideia de que é fundamental sermos resilientes quanto aos nossos princípios e à nossa autonomia de pensamento, de forma que possamos continuar deliberando internamente, mesmo que haja uma brutal imposição externa. No momento em que vivi a maior imposição externa da minha trajetória, precisei deliberar o tempo todo e fazer escolhas, especialmente quanto à atitude que tomaria perante o solavanco gerado pelo projétil que atravessara meu corpo.

Algumas ponderações precisam ser colocadas na mesa. As hipóteses anteriores podem dar a entender que uma pessoa abatida por imposições em seu ambiente interno — como, por exemplo, uma depressão crônica — seja fraca, covarde ou incapaz. Esse seria um equívoco grosseiro, tendo em vista que questões clínicas impactam sobremaneira as faculdades relacionadas à autonomia e à deliberação. Quando as enfrentamos, talvez seja necessária uma intervenção externa habilitada para viabilizar a eliminação ou a redução dessa imposição interna.

Sete anos após ter investido na expressão *bouncing forward* durante as conversas em Davos, o tsunami provocado pela pandemia nos empurrou para o interior de nossas moradas. Voltei a pensar sobre as possibilidades de aplicação do conceito de resiliência em nosso comportamento. Novas nuances dessa reflexão pareceram ser necessárias.

***

Em 1970, o cineasta Akira Kurosawa lançou *Dodeskaden*. Até então, os críticos de cinema sempre questionaram os motivos que o levavam a produzir filmes somente em preto e branco. E ele sempre respondia a isso afirmando que usaria cor no dia em que esse elemento fizesse de fato parte da narrativa.

Dodeskaden, sua primeira obra em cores, explora situações de sofrimento de diversos moradores de uma comunidade extremamente carente na periferia de Tóquio. Um deles vivia com seu filho na carcaça de um carro abandonado, numa condição de absoluta privação. Mas todos os dias o homem se sentava à frente daquela carroceria e mostrava algo ao filho. "Está vendo aquela casa?" Não havia, de fato, casa alguma, mas o homem ia descrevendo uma edificação, detalhe a detalhe e, diante deles, iam aparecendo as mais belas mansões, palácios, obras refinadas de arquitetura. Ao fim de cada descrição, aquelas obras sumiam, mas o sonho estava estabelecido.

A narrativa traz luz a uma de nossas competências mais valiosas que nos diferenciam como espécie. Imaginar algo que ainda não existe é uma habilidade desfrutada por todo ser humano, independentemente do berço em que nasceu. Inúmeros pensadores exploraram essa constatação desde os primórdios da civilização. Mais recentemente, Yuval Harari abordou com muita propriedade a hipótese de que prosperamos perante outros seres do gênero *Homo* graças a tal aptidão, associando-a à capacidade de mobilizarmos grupos a partir de ideias inventadas.

A capacidade de sonhar permitiu que nossa espécie moldasse o planeta. Seja qual for o balanço entre conquistas ao bem comum e atos de brutal destruição, é inegável que fomos capazes de projetar e concretizar melhores condições de vida, apesar do nosso fracasso em tornar tais avanços acessíveis a todos. Enfrentar o desafio de desenvolver vacinas para que o planeta combatesse a pandemia disparada em 2020, por exemplo, demandou objetividade, pragmatismo e fruição do vasto acervo de conhecimento produzido pela ciência. Acima de tudo, exigiu resiliência na proteção de nossa autonomia de pensamento, de forma que pudéssemos continuar produzindo projeções sobre o futuro que almejávamos. Continuar imaginando inovações que ainda não existiam, mas que poderiam salvar o mundo.

Uğur Şahin e Özlem Türeci puseram em prática esse dom como poucos. Quebrando todos os recordes, inventaram em menos de um ano uma nova tecnologia de vacina que foi rapidamente distribuída para todos os cantos do globo. Muitas pessoas não estariam respirando agora, caso esse talentoso casal não perseguisse incessantemente o sonho de materializar algo que existia somente em seus pensamentos.

***

Em janeiro de 2022, fui convidado a assistir a uma entrevista com o astronauta Matthias Maurer, que estava em órbita na Estação Espacial Internacional (ISS) havia seis meses. Apesar de ser mais uma entre tantas videoconferências, foi uma das experiências recentes que mais me marcaram.

"Bom dia, boa tarde e boa noite" foi sua frase de abertura. Trazia um largo sorriso no rosto enquanto flutuava em uma das cabines da estação, usando uma camisa polo com a bandeira da Alemanha. Comentou que acabara de tomar banho com toalhas úmidas após ter feito suas atividades físicas diárias que englobavam corrida, bicicleta ergométrica e uma espécie de simulação de levantamento de peso. A saudação multitemporal se explicava não só pela participação de pessoas de várias partes da Terra, mas também pelo fato de que ele, a bordo da ISS, completava uma volta ao redor do planeta a cada noventa minutos, totalizando dezesseis voltas por dia.

A conversa me fisgava mais a cada explicação de Matthias sobre sua missão e rotina no espaço. Sua prioridade era conduzir pesquisas a respeito do aquecimento global e seu impacto destrutivo. Ele comentou que enxergava a Terra como um navio cuja tripulação, unida, poderia realizar a desafiadora empreitada de resolver a questão climática.

Fiquei pensando na quantidade de movimentos envolvidos naquela vida fora do planeta. Mesmo trancafiados em uma estação de tamanho limitado, flutuando em um ambiente de considerável incerteza, aqueles astronautas tomavam decisões constantemente, produziam dados que embasariam futuras mudanças e pareciam desfrutar de uma razoável estabilidade. Mais uma demonstração do dinamismo a que somos submetidos, em todo tipo de circunstância.

***

Ao longo deste livro, busquei explorar narrativas vividas, vistas ou ouvidas como pano de fundo que pudessem me ajudar a ilustrar os principais argumentos propostos. A meu ver, todas as situações pelas quais passamos durante nossa jornada, sejam elas continuidades, rupturas, deliberações ou imposições, são potenciais fontes de realização pessoal. E possíveis catalisadores do desenvolvimento de novas habilidades. Acredito que esse crescimento ganha maior probabilidade de se efetivar quando somos capazes de preservar nossos princípios, nossa autonomia de pensamento e nossa competência para inventar. Em outras palavras, quando somos resilientes nesses aspectos. Talvez, essa seja uma de nossas mais promissoras rotas para a emancipação.

Segundo a frase atribuída ao filósofo Immanuel Kant, "avalia-se a inteligência de um indivíduo pela quantidade de incertezas que ele é capaz de suportar".

A aplicação do conceito de resiliência para o comportamento humano requer, no entanto, certas ponderações. Tentar o retorno a uma condição alterada em virtude de uma ruptura é uma estratégia que se mostra válida somente quando essa retomada é factível. Do contrário, a insistência torna-se inócua. Nesses casos, o conceito de plasticidade aparenta colaborar para decisões mais favoráveis à árdua tarefa de identificar novas oportunidades e nos mover com vigor pela dinâmica da trajetória humana. A resiliência, portanto, não deve ser enxergada como uma bala de prata. Pelo contrário. Ela precisa ser balanceada com a plasticidade, conforme busquei simbolizar com a provocação implícita na expressão *bouncing forward*.

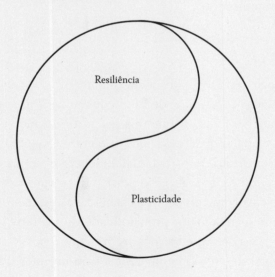

Encerro reverenciando a sabedoria de Charles Darwin, cientista cuja obra abriu um novo horizonte para o entendimento da vida e do nosso futuro. Sobre o seu pensamento, tornou-se conhecida a afirmação: "Não é o mais forte que sobrevive nem o mais inteligente, mas o que melhor se adapta às mudanças". Eu me atrevo aqui a parafraseá-la: "Não é o mais forte que sobrevive nem o mais inteligente, mas o que melhor navega pelas continuidades e rupturas inerentes à vida".

Agradecimentos

Assistentes:

Todas as minhas histórias ocorridas após 1990 só foram possíveis graças à participação de um incrível time de assistentes pessoais cuja companhia e cumplicidade têm sido um privilégio. Optei por não citá-los o tempo todo procurando preservar a cadência das narrativas. Graças a esses meus fiéis escudeiros, pude manter meu barco em movimento. Nenhum texto seria suficiente para agradecê-los, mas seguem pequenas homenagens a cada um.

Adauto trabalhava na clínica em que comecei minha fisioterapia. Passávamos horas falando sobre futebol e a memorável seleção de 1982. Logo percebi que se tratava de um ser humano diferenciado, comprometido em fazer seu melhor e consciente de suas responsabilidades. Mal sabia eu que aquela relação de espontânea amizade, que parecia ocasional, iria se expandir e durar até os dias de hoje.

Cheguei ao Thiago por meio de um segurança da Accenture com quem comentei que estava em busca de alguém para ampliar minha equipe. Em nossa primeira conversa, notei que ele tinha brilho nos olhos e queria muito a oportunidade de trabalhar comigo. Isso me trouxe a companhia de uma pessoa muito dedicada e — raridade hoje em dia — com gosto por ler e falar sobre livros.

Fabio chegou a minha casa por indicação de Thiago, de quem é primo. Assim como seus colegas de time, foi sempre muito esforçado e leal. Tem uma qualidade preciosa, que é a discrição. Consegue exercer suas atividades quase sem ser notado. No entanto, percebe com clareza tudo o que se passa à sua volta. Uma impagável diferença: é o único corintiano da minha seleção.

Michael é o filho mais novo de Adauto, e que conheço desde que nasceu. Herdou várias das qualidades do pai e trouxe uma nova competência para a minha tropa de elite: sua fluência no universo da tecnologia. Começou como meu digitador e, cada vez mais, se destaca por sua habilidade na solução de problemas.

Valmir não está mais comigo desde 2012, mas merece também ser citado pelo longo período em que me ofereceu uma valiosa assistência. Faz parte daquela concisa lista de pessoas que ensinam pela simplicidade.

Palavras não são suficientes para descrever a importância de cada um de vocês desde os mais simples gestos do cotidiano até o apoio fundamental nos memoráveis momentos que tive a sorte de vivenciar.

Família:

José Mendes Filho (em memória), Sonia Maria Hübner Mendes, Ana Carolina Velasco, Fabiana Hübner Mendes Tichauer, Conrado Hübner Mendes, Erick Tichauer e Mateus Velasco Gagliardi.

Conselheiros do Instituto Rodrigo Mendes:

Ana Amélia Inoue, Antonio Correia de Melo Gois, Cleuza Rodrigues Repulho, Eduardo Vassimon, Fernando Fontes Iunes, Fernando Ribas Chaddad, Florian Bartunek, Isabel Aparecida dos Santos Mayer, Jayme Ribeiro Serva Júnior, José Berenguer, Leo Figueiredo, Márcio Fernandes Gabrielli, Maria Lucia Meirelles Reis, Maria Marta Elluf Pinheiro Brotto, Paulo César de Queiroz Faria, Priscila Fonseca da Cruz, Roberto Buckazi Piccin, Roberto Quiroga Roberto, Vajda de Faria Feres.

Amigos e parceiros:

Adriana Couto, Alana, Alberto Bitran, Aldrin Jonathan de Souza Santos, Alessandra Del Debbio, Alessandra dos Santos Branco, Alex Hübner, Alexandre Aoude, Alexandre Borges de Freitas, Alexandre Bufarah Tommasi, Alexandre Guerra, Alexandre Moreira Santos, Alice Damasceno, Alice Ribeiro, Alice Velasco, Alicita Perego Costa, Aline Cristina Pereira dos Santos, Aline van Langendonck, Aloysio Cravo, Amalia Cristina Spinardi Thompson Motta, Amanda Tojal, Américo Marques, Ana Angélica Manhani, Ana Buchain, Ana Carolina Carvalho, Ana Carolina Matarazzo, Ana Catarina Parisi Pinheiro, Ana Clara Schneider, Ana Cristina Ferraz e Guilherme Amaral, Ana Elisa Pereira Flaquer de Siqueira, Ana Lúcia Villela, Ana Luiza Brunetti, Ana Mae Barbosa, Ana Maria Diniz, Ana Maria Gitahy, Ana Maria Gold Mello, Ana Maria Levy Villela Igel, Ana Maria Villela Igel, Ana Paula Brasileiro, Ana Paula Gimenes, André Brandão, André Hübner, André Lázaro, André Luiz de Santos Freitas, André Villela Lomar, Andrea Hübner, Andrea Santiago, Andrew Parsons, Angela Dannemann, Angélica Picceli, Anna Penido, Anne

Marie Mertens, Antonio Brasiliano, Antonio Carlos Pipponzi, Antônio Gois, Antonio Peticov, Apamagis, Ápice Molduras, Arinda Maria de Morais Sant, Armando Crisóstomo Ferrentini, Arnaldo Battaglini, Arno, Artela Telas, Artex, Artur Völker Cordeiro, Arturo Gamero, Arturo Minelli, Ashoka, AT&T, Atlas Schindler, Audima, Audisa Auditores Independentes, Augusto Dutra Galery, Avante, B3, Balbo, Banco Toyota, Barbara Soalheiro, Barça Foundation, Base2Edu, Bauducco, Beatriz Azeredo, Beatriz Carvalho, Beatriz Lefèvre, Beatriz Vichessi, Bernardo Parnes, Beto Tibiriça, Betty Vaidergorn Feffer, BLG, BNDES, Bolo & Cia, Bolsa de Valores Sociais, Bom Gelo, Bonijuris Brazil Foundation, British Council, Bruna Maria da Silva Zanelato, Bruna Vasques Dias, Brunna de Sousa Leite, Bruno Miranda, Camila Alói, Candido Bracher, Carla Cristina Santos Oliveira, Carla Duprat, Carlo Andrea Bauducco, Carlos Araújo, Carlos Barmak, Carlos Bracher, Carlos Brito, Carlos Correia Santos, Carlos Vergara, Carol da Costa, Carolina Conti Reed, Carolina Giglio Pavola, Carolina Hübner, Carolina Ponte, Casa Flora, Castro e Silva Advogados, Catarina Coube, Cedac, CEERT, Célia Cruz, Celso Rizzo, Celso Viegas Portasio, Cenpec, Centro de Voluntariado SP, Centro Lemann, César Enéas, Cesar Hübner, Christian Dunker, Christiana de Moraes e Silva, Cidade Escola Aprendiz, CIEDS, Cindy Martins de Oliveira, Cintia Renata Cabezas Buck, Cisco, Citibank, Civi-co, Clara Kochen, Claudia Farkouh Prado, Claudia Lopes da Silva, Cláudia Rosana Kranz, Claudia Sender, Claudia Werneck, Claudio Haddad, Cláudio Luiz Sendyk, Claudio Thomas Reuss, Club Athletico Paulistano, Clube Paineiras do Morumby, Colégio Visconde de Porto Seguro, Collins Halabi, Colucci Propaganda, Cometa Marcas e Patentes, Comitê Paralímpico Brasileiro, Company Construtora, Conceição Catalão, Conibase, Contardo Calligaris, Conviva Educação, Coteminas,

Cotia Foods, CreditOne, Cristiana Mello Cerchiari, Cristiana Vogel, Cristina Hübner, Cristina Yuri Ito, CTI, Cynthia Faria, Dalva B. Cortes, Daniel Caldeira, Daniel Cloretti Papa, Daniel Fuentes, Daniel Hübner Marques, Daniel Sonder, Daniela Caldeirinha, Daniela Duarte, Daniela Maria Zuim, Daniela Mazironi, Daniela Pernambuco Salin, Daniela Roschel, Daniela Zanelato, Daniella Alonso, Danilo Miranda, Danilo Scatolini, Daterra, David Aickman, David Eades, David Felipe Hastings, David Rodrigues, David Rose, Denis Moreira da Costa, Denis Salvador Morante, Denise Aguiar, Denise Lafaiete, Denise Monteiro, DentalCorp, Deutsche Bank, Diego DePestre, Diego Henrique Oliveira Fonseca, Diego Thimm Barcelos, Dilza Telles de Menezes, Doctor Clean, Dom Geraldo González y Lima, Dora Camargos, Doug Alvoroçado, Doutores da Alegria, DPaschoal, Edimari Caldas, Edinardo Figueiredo Jr., Editora Mercuryo, Editora Moderna, Editora Peirópolis, Editora Referência, Edmundo Barbosa, Edson Natale, Edson Prado, Eduarda Penido Dalla Vecchia, Eduardo Brenner, Eduardo de Almeida Prado, Eduardo Define, Eduardo Haber, Eduardo Junqueira Santos Pereira, Eduardo Nascimento Oliveira, Eduardo Saron, EFAPE, Elana Gomes Pereira Marincek, Eleanor B. O'Donnell, Elena Crescia, Eleonora Cypel, Eli Ramos de Franca Tarjino, Eliana Lúcia Ferreira, Eliane de Fátima Cossetin, Elie Kogler, Elisa Bracher, Elisa Tomoko Nakashima, Elisete Oliveira Santos Baruel, Ely Miura, Elza Leite de Moraes Andrade, EMC, Emiliano Augusto Moreira de Lima, Eric Anderson, Eric Macchione Fonseca, Erica Hirose, Érica Pugliesi Rabecchi, Erica Tsujiguchi, Erick Mohr, Erick Tichauer, Esdras Leal, Espiral Interativa, Esporte Clube Pinheiros, Estúdio Preto e Branco, Etienne Almeida, Eunice Olsen, Evandro Carlos Jardim, Evellyn Maria Dias Geronimo, Ewaldo Mario Russo, Expand, Faber Castell, Fabiana Coube, Fábio Adiron

Ribeiro, Fábio Colletti Barbosa, Fabio Gallo Garcia, Fabio Guilger, Fabio Kanashiro, Fábio Ohara Morita, Fabio Oliveira Silva, Fábio Ramos M. Siqueira, Fátima Albuquerque, Felipe Gombossy, Felipe Senatore, Felipe Soalheiro, Femapack, Fernanda Bertasso Figaro, Fernanda Brambilla Higgins, Fernanda Gurgel, Fernanda Pedrosa de Paula, Fernando Franco Piva, Fernando Iunes, Fernando Klein, Fernando Machado Mangarielo, Fernando Reimers, Fernando Ribas Chaddad, Fernando Santos, Fernando Velázquez, Fernão Bracher (em memória), Flávia Cintra Campillo, Flávia Ocaranza, Flavia Regina de Souza Oliveira, Flavio Cézar Maia Luz, Flávio José Ensina, Flora Gil, Flores Online, Florinda Mendes (em memória), Folha de São Paulo, Forma Editora, Fórum Econômico Mundial, Franciline Alves Cavalcante, Francisco José Rojo, Francisco Vaquer, Franklin Oliveira Santos, Frederico Korting de Ataíde, Fundação Educar DPaschoal, Fundação, FEAC, Fundação Getulio Vargas, Fundação Gol de Letra, Fundação Itaú Social, Fundação Kellogg, Fundação Lemann, Fundação Mokiti Okada, Fundação Roberto Marinho, Fundação SM, Fundação Vale, Fundação Victor Civita, Fundação Volkswagen, Gabriela Ikeda, Gabriela Veiga, Garapa, Gary Stahl, Gary Zenkel, Gecy Klauck, George Schulte, Gideon Kunda, GIFE, Gilberto Camanho, Gilberto Dimentein, Gilberto Gil, Giovana Villari, Gisele Fujiura, Gisele Ottoboni, Gislaine Simionato Antoniate, Giulia Villari, Giuseppe Maria Zamperlini, Globo, GPA, Gregorio, Contreras Sanches, Gregório, Gruber, Grupo Comolatti, Grupo Pão de Açúcar, GTEC Videocomunicação, Guilherme Benchimol, Guilherme Define, Guilherme Xavier Gomes Diniz, Gustavo Inafuku, Gustavo Junqueira, Gustavo Kessler Ayres de Azevedo, Gustavo Rosa, H+K, Haakon Magnus, Haddad Foundation, Hand Talk, Hedging-Griffo, Heloisa Salgado, Höft Human Rights Watch, Humanitas360, IBM, ICEP, ICTS, IDIS, Ilona Szabó, Ima do Brasil, InPrima, Instituto ACP, Instituto Alpargatas, Instituto Ambikira, Instituto Avisa Lá, Instituto Ayrton Senna, Instituto C&A, Instituto Camargo Corrêa, Instituto CSHG, Instituto Estater, Instituto FAR, Instituto Mara Gabrilli, Instituto Natura, Instituto Paradigma, Instituto Península, Instituto Singularidades, Instituto Unibanco, Instituto Votorantim, InterCement, Interrogação Filmes, IQE, Iran Saraiva, Isabel Aparecida dos Santos Mayer, Isabel Pillar, Isabela Farias Morais, Isabela Pascoal, Itair Medeiros, Ítalo Dutra, Itaú Cultural, Itaú Unibanco, J.P. Morgan, Jaime Alberto Saavedra Arriaga, Janine Rodrigues, Jaya Design, Jean Todt, Jeduca, Jéferson Gomes Hübner (em memória), João Bravo Caldeira, João Custódio Rodrigues, João Inácio Coube, Joelson Martins, John Dutton, John Hope Bryant, Jóice de Avila Gitahy, Jonathan Rosenthal, Jorge Alberto Chasheidt, Jorge Steinhilber, José Alencar (em memória), José Alfonso Ballestero-Álvarez, José Artur de Oliveira Gomiero, José Cavalhero Simon Junior, José Galdino Mendes (em memória), José Luiz Egydio Setúbal, José Olympio, José Roberto Jardim, José Wilson Nunes Vieira, Josefa Regina Gomiero, Josep Maldonado, Josué Gomes da Silva, Judith McKenzie, Juliana Aparecida Lima, Juliana Barica Righini, Juliana Buchain, Juliana Gomes Ramalho Monteiro, Julio Gustavo Bacciotti Pinheiro, Karen Worcman, Karina Prall, Karina Schulze Blanck, Karolyne Ferreira, Kate Garvey, Katia Cibas, Katia Fragoso, Katia Gonçalves Mori, Kátia Regina Xavier da Silva, Katrin Eggenberger, Kelli Machado, Kênia Hübner, Kika Bauducco, Klaus Schwab, Kopenhagen, Kroton, Lailla Micas, Lana Velasco, Larissa Ibanhez, Larissa Lopes, Latam, Laura Furtado de Andrade, Lázaro Ramos, Leandro Machado, Leonardo Artur Freitas Bonetti, Letícia Goulart Vitorino, Lewis Hamilton, Leyla Piccini, Lígia Sato, Lila Ibrahim, Lilian Feuer Stuhlberger, Lilian Mohr, Liliane Garcez, Lina Lilla Virano, Lino de Macedo, Liu Zhenmin, Luanda Bonadio, Luca Vitale, Lucas Maurício Silva, Lúcia Helena Santos, Luciana Nicola, Luciano Monteiro, Lucio Carvalho, Luís Antônio Carvalho, Luis Norberto Pascoal, Luis Stuhlberger, Luisa Moretti, Luiz Antônio Alonso, Luiz Augusto Citrangulo Assis, Luiz Celso Rizzo, Luiz Fernando Figueiredo, Luiz Gustavo, Luiz Henrique de Paula Conceição, Luiz Norberto Paschoal, Luiza Andrade Corrêa, Luíza Côrtes, Luiza Russo, Luzia Mara Lima-Rodrigues, Macaca Filmes, Mackenzie Scott, Madia Associados, Magdalena Pilar Colombo, Maj Anita de Blasiis, Manoel Ferraz Whitaker Salles, Manuel Chicau, Mara Gabrilli, Marcela de Castro Reis, Marcella Barros Filho, Marcello Benevides, Marcello Nicolato, Marcelo Calderaro, Marcelo Müller de Barros, Marcelo Orticelli, Marcelo Pinto Guimarães, Marcelo Tabachi, Márcia Brito, Márcia Carvalho, Márcia Honora, Marcia Regina Zemella Luccas, Márcio Fernandes Gabrielli, Marco Forte, Marcos Abrahão, Marcos Flavio Tadeu de Andrade, Marcos Weiss Bliacheris, Margarida Tortorelli Cunha, Maria Cecília do Valle Pereira, Maria Cecilia Pimentel, Maria Célia Toledo Cruz, Maria Claudia Flora, Maria de Fátima Albuquerque, Maria de Lourdes de Moraes Pezzuol, Maria de Salete Silva, Maria Eugênia, Maria Helena Barros, María José Borsani, Maria Ligia de Castro e Carrijo Monteiro, Maria Marta Elluf Pinheiro Brotto, Maria Negrete, Maria Pilar Lacerda, Maria Regina Araújo, Maria Regina Vianna Pannuti, Maria Teresa Eglér Mantoan, Maria Tereza Jugman, Mària Vallès, Mariana Battaglia, Mariana Montoro, Mariana Queen Ifeyinwaeze Nwabasili, Mariano Janiszewski, Marie Clapot, Marie-Claire Sekkel, Mariela Del Gaizo, Marília Costa Dias, Marina Rebuzzi, Marina's Buffet, Mario Fleck, Mario Ghio, Mario Margonari Nunes Pitta, Mario Sergio Cortella, Marisa de Oliveira Costa, Marizete Almeida Müller, Mark Hamill, Mark Luther, Marlene Mitsuko

Veda, Marly Netto Peres, Marta Gil, Martin Thomsen, Massimo Bauducco, Matera Systems, Matinas Suzuki, Mattos Filho Advogados, Mauricio Escobar, Mauricio Garcia, Maurício Mlynarz, Maurício Moreira, Mauricio Piza, Max Alvim, Meira Fernandes Contabilidade, Mercotrading, Mesa e Cadeira, Michael Fembek, Michelangelo – Nova Irco, Microsoft, Milk Comunicação, Milton Borrelli Júnior, Milton Hugo Cilly, Milton Kochen, Milú Villela, Ministério da Cultura, Ministério da Educação, Ministério Público Federal, Monica Pinto, Movimento Bem Maior, Movimento Down, Mozart Neves Ramos, MudaLab, Museu da Pessoa, Museu de Arte de São Paulo, Museu de Arte Moderna, Museu do Futebol, Nadia Santos Oliveira, Nadja Fialho, Naná de Freitas, Nana Navarro, Nancy Lublin, Narang, Natura, Neca Setúbal, Nelson Baptista Filho, Nelson Costa, Nelson José de Barros, Nico Rosberg, NL Empreendimentos, Nodal, Noemia Batista, Norimar Maria Piccoli Labate, Nova Escola, Oficina Gráfica, Oficina Municipal, Ogra, OGW, Oi Futuro, Olivier Oullier, Orlando Facioli, Os Raposas e a Uva, Oscar Colucci, Osmar Elias Zogbi, Otacília Baeta, Otoniel Batista da Silva, OZ, Paola Gentile, Papa Francisco, Passarelli Consultores, Patrícia Albuquerque, Patrícia da Cunha Tavares, Patrícia de Brito, Patricia Ellen da Silva, Patrícia Henna, Patricia Lobaccaro, Patricia Meirelles, Patricia Moraes, Patricia Moreira, Patricia Sargaço, Patrícia Villela Marino, Patrick C. Morin, Paula Castrillo, Paula Haddad, Paulo Bareta, Paulo Barreto, Paulo Katchadorian, Paulo Lima, Paulo Lopes, Paulo Pitombo, Paulo Portella Filho, Pedro Bial, Pedro Camargo, Pedro Henrique R. Bilieri, Pedro Mendes da Rocha, Pedro Varela, Philippe Streiff, Piero Bonadeo, Pieter Potter, Pincéis Tigre, Pino Marco di Segni, Pizzaria Mercatto, Planeta Educação, Porcelana Schmidt, Porcelana Teixeira, Porto de Cultura, Postscript, Pozzani, Priscila Fatima e Silva, Produtos

Alimentícios Orl AS, Pró-vida, PZM Consult, Rafael Bittencourt, Raimo Benedetti, Raphael Vandystadt, Raquel Casamira Marques, Raquel Correa Oliveira, Raquel Paganelli Antun, Rede Pitágoras, Regina Carmona, Regina Maria Hübner (em memória), Regina Mercúrio, Regina Scarpa, Regina Vidigal Guarita, Renata Biselli, Renata Camargo, Renata Farhat Borges, Renata Ribak, Renata Sant'Anna de Godoy Pereira, Renato Rodrigues, Renato Soares Andrade Dias, René Lourenço, Requinte, Revista Bravo, Ricardo Adache, Ricardo Falzetta, Ricardo Henriques, Ricardo Rizek, Ricardo Rosa, Ricardo Santos, Ricardo Villela Marino, Ritz Festas, Robert Wong, Roberta Gabrielli, Roberto Figueiredo Rocha, Roberto Lombardi, Roberto Viana do Rego Barros, Rodnei Cesar, Rodrigo Berbert, Rodrigo Uchoa, Rogério Marques Hübner, Rolf Marçon Faltin, Romeu Kazumi Sassaki, Romeu Milani, Ronald Bryan Salem, Ronald Kapaz, Rosabeth Moss Kanter, Rosana Oliveira Braz, Rosanna Claudia Bendinelli, Roselaine Oliveira Braz, Rosemar Judith Piccoli, Rosemeire M. Castro, Rúbia Guimarães Piancastelli, Ruella Bistrot/ Bar Ď Hôtel, Rute Leal, Ruth Eugênia Cidade, Sabrina Parlatore, Samuel Adiron Ribeiro, Sandra Hübner, Sandra Paula da Silva Batistão, Selma Maria Kuasne, Serasa Experian, Sergio Delarcina Júnior, SESC, Sidnei Bergamaschi, Silvana Drago, Sílvia Ester Orrú, Silvia S. Carramaschi, Simone Freire, Solange Reis Caminoto, Somos Educação, Sonia Maria dos Santos Diniz Bernardini, Sonia Maria Fraga Moya, Sônia Maria Rodrigues, Sonia Oliveira, Sonia Racy, Sonja Hübner Teschner, Suiá Ferlauto, Suzana Bresslau, Sylvio P. Castro, Tabata Jordanna de Paula, Tamara Czeresnia, Tamiko Katsuura, Tan Le, Tania Haddad, Tata Consultancy, Tatiana Ferrentine, Tatiana Milani Ferrentini, Tatiana Passos Zylberberg, Tatiane Ganeo, Tatiane Gonzalez Leite da Silva, TEDx, Teresa Cristina Bracher, Teutly Correia Neto, Therezinha Crispi Hübner (em memória),

Thomas Bach, Tiê Gasparinetti Biral, Tilibra, Tobias Stingelin, Todos pela Educação, Tomas Alvim, Trip, TV Globo, Unesco, Unibes Cultural, Unicef, Unilever, UNODC, UOL, Valquiria Morais, Vanessa Yumi Fujinaga Souto, Vânia Santiago, Vera Fagundes Meneses, Vera Lúcia dos Santos Diniz, Vereda Educação, Veridiana Carneiro, Verity Donnelly, Verónica Etchberry, Verquímica, Vikas Pota, Vila Nova Água, Vinheria Percussi, Vinicius Alt Fausto, Vinícius Coube (em memória), Virgínia Gonçalves de Oliveira, Virginia Romano, Vitae, Vitoria Freiria Arguejo, Vivo, Wagner Jacob, Walmart, Walter Marcio Cunha Júnior, Walter Tichauer, Wanya Leite, Wellington Nogueira, Wellington Rafael Soares Silva, WPV, XP Investimentos, Ynaia de Paula Souza Barros, Yuriko Matsuyama e Zenildo Romeu.

ESTA OBRA FOI COMPOSTA PELA ABREU'S SYSTEM EM INES LIGHT
E IMPRESSA EM OFSETE PELA GRÁFICA PAYM SOBRE PAPEL PÓLEN NATURAL
DA SUZANO S.A. PARA A EDITORA SCHWARCZ EM SETEMBRO DE 2023

A marca FSC® é a garantia de que a madeira utilizada na fabricação do papel deste livro provém de florestas que foram gerenciadas de maneira ambientalmente correta, socialmente justa e economicamente viável, além de outras fontes de origem controlada.